KB053940

명상과
함께 하는 삶

명상과
함께 하는 삶

김지나 지음

● 지금부터 당신은 항상
' 괜찮을 수 있습니다.

SNOWFOX

추천사는 저자가 운영하는 유튜브 채널
〈아이엠TV_마음공부〉 구독자의 글입니다.

　김지나 작가의 "항복하세요."라는 목소리가 마음속 깊이 울려 퍼졌던 찰나가 기억나 이렇게 글을 쓰게 되었습니다. 마음의 뿌리가 이리저리 휘둘릴 때마다 재생 반복했던 마음공부에 관련된 수많은 영상과 글을 접했습니다. 하지만 여전히 저는 고통 속에 허우적대고 있었어요.
　문득 "지금 정말로, 진심으로 고통스럽다. 그럼 이제 도대체 어떻게 해야 하지?" 하고 눈물이 멈추지 않던 순간에 거짓말처럼 '항복'이라는 단어가 마음 깊숙한 곳에서 올라왔어요. 평온하고 감사한 마음이 머물다 갔어요.

김나라

저는 공황장애를 23년째 앓고 있었고 재작년부터는 허리디스크와 목디스크에 갱년기까지 몸도 마음도 지칠 대로 지쳐있었습니다. 너무 고통스러워서 자살을 생각하기도 했고 불안함과 불면증으로 힘들 때 김지나 작가님을 통해 마음공부를 시작했습니다. 잠이 오지 않을 때나 잠들기 전 명상 영상으로 안정도 찾고 잠도 잘 수 있게 되었습니다. 지켜보기, 알아차림, 내려놓기를 통해 공황장애도 거의 사라졌습니다. 두려워하지 않고 지켜볼 수 있게 되었습니다.

이은하

바닷속이 궁금하지만 들어가 볼 방법도 모르고 무섭기도 해서 안전하게 헤엄만 치고 있던 나를 그녀는 심해 깊은 곳까지 천천히 데리고 가 주었습니다.

많은 독자들이 그녀를 통해 때로는 가볍게 때로는 진지하게 나를 사랑하는 법을 배워나가길 바랍니다. 나는 누구이며 내 삶의 목적은 무엇인지 어떻게 살아야 하는지에 관한 생각에 지배당하고 있다면 김지나 작가와 함께 명쾌한 해답을 찾는 여정을 시작해보시길 강력 추천합니다.

홍유진

저는 청주에 사는 38살 초등학교 교사입니다 모든 것이 두려워 무기력에 빠졌던 시기가 있었습니다. 고통스러워 어찌해야 할 바를 모르던 때에 김지나 작가님의 메시지는 비로소 저를 사랑과 고요 속으로 인도하기 시작했습니다.

제게 일어났던 그 모든 일이 사랑이었음을 이해했고, 치유되기 시작했습니다. 내맡김의 기도법으로 사랑하는 사람을 만났고, 원하던 일들이 물이 흐르듯 이루어졌습니다. 어려운 순간에 다시 또 내맡기면 삶이 해결해주는 경이로움에 감탄하며 하루하루 소중하게 보내고 있습니다. '삶에게 운전대를 맡겨도 된다'는 그 말씀, '생각에 속지말라'는 그 말씀을 새기면서 마음을 쉬게 되었어요. 생각과 감정도 지켜보며 고요의 자리 속으로 들어가 괴로움에서 천천히 벗어나게 되었습니다.

'어떤 일이 일어나도 괜찮다'는 말씀의 의미를 이제야 이해합니다. 저는 비로소 삶을 받아들이고 내려놓고 내맡기게 되었습니다. 더 많은 이가 괴로움으로부터 자유로워지기를 간절히 소망합니다.

김송

이직으로 인한 외톨이 생활로 공허함을 느낄 때 작가님을 알게 되었고 가뭄의 단비 마냥 제 마음을 채울 수 있었습니다. 요즘은 상황별 명상으로 하루를 보냅니다. '사랑과 감사로 시작하는 아침명상'과 '하루를 정화하는 저녁명상'입니다. 상기증으로 힘들어하는 제가 정화되고 건강을 회복 할 수 있었습니다.

김광애

지금부터 4년 전 잘 나가던 아이가 마음의 병을 앓게 되면서 저의 50 평생의 삶을 송두리째 뺏겨 버리는 위기가 찾아왔습니다. 몇 개월간 고난을 헤쳐나갈 방법을 찾아 헤매던 중 작가님을 알게 되면서 제 삶은 180도 바뀌었습니다.

가르쳐주신 내용은 제 삶의 지침이 되었고, 고통에서 벗어날 수 있었습니다.

홍청희

내 나이 또래(40대 후반) 친구들 중 가슴앓이를 하는 경우가 너무 많습니다. 얼마 전에는 성실하고 착한 친구가 스스로의 선택으로 다른 세상으로 떠나기도 했습니다. 우울증이나 공황장애로 약을 먹는 경우도 허다합니다. 하지만 대한민국 남자들은 이런 얘기를 남에게 잘하지 못합니다. 혼자서 끙끙 앓고만 있죠.

이런 친구에게 마음공부에 관한 이야기를 하고 싶은데 너무 막연해서 이런저런 생각만 하다가 만남이 끝나는 경우가 허다했습니다. 김지나 작가님의 책을 강력 추천합니다!

한성룡

〈힘들 땐 '지금 이 순간'으로 죽을 힘을 다해 도망치세요〉라는 내용을 접하고 작가님을 알게되었습니다. 그때 저는 어머니의 치매 발병, 우울증 등이 겹쳐 살면서 가장 힘든 나날들을 보내고 있었습니다.

명상, 마음공부, 불교 등을 이제 막 공부하기 시작하던 참이기도 했고요 '어? 저쪽에 뭔가 길이 있을 것 같다'는 느낌이 들었지요. '지금 이 순간'이 가장 힘든 순간인데 '지금 이 순간'으로 달아나라니…. 머리로는 의아한데 마음은 이미 조금씩 환해지고 있었어요.

여전히 고통들이 도사리고 있는 삶이지만 이제는 그것이 전부가 아님을 알게되었습니다. 삶에는 전혀 다른 차원이 있다는 것을 믿게 된 것이지요.

최은혁

저의 인생의 김지나 작가님을 알기 전후로 나누어집니다. 우연히 알게 된 이 작가님의 모든 내용들은 나를 조금씩 변화시켰고 마음공부를 하면서 막막하고, 길을 잃었을 때 올바른 길로 인도해주는 스승과도 같은 등불 역할을 해주었습니다.

이 책은 마음공부를 하는 사람들에게 깊은 깨달음을 주고 마음공부하는 이들이 삿된 길로 빠지지 않게 올바른 나침반 같은 역할을 해줄 것입니다. 한 번만 읽어보는 책이 아니라 두고두고 펴봐야하는 책입니다.

김희연

기독교인이지만 마음공부도 함께 하는지라 작가님의 마음공부을 시작하게 된 계기와 과정에 많은 공감이 되었습니다. '삶에 내맡기기', '내려놓기', '신뢰하기', '현존하기' 그리고 '나와 타인은 둘이 아닌 하나'라는 것이 특히 기억에 남습니다.

김동균

지난 5월 불안장애로 인한 공황발작을 경험한 후 스스로 치유하는 과정에 많은 혼란과 고뇌 속에서 작가님의 글 하나하나가 저에게는 따스한 다독거림이었습니다.

'잠시 머물러도 괜찮아', '아무런 문제가 없어', '모든 길은 자기 안에 있어'라는 메시지는 사막 속의 별처럼 길라잡이가 되어 주셨어요. 저처럼 마음속에 길을 잃은 많은분들에게 반짝이는 별과 같은 책이 될 것입니다.

익명

마음의 위로가 절실히 필요하다 느꼈을 때 작가님을 알게 되었습니다. 나만 이렇게 힘든 게 아니고 누군가에게 내 아픔을 이야기하고 위로를 받아야 하는 상황임을 깨달았습니다. 주변 사람들, 친척분들과 이야기를 나누며 위로를 받고 어머니 얘기를 하며 울기도 하니 정말 상처에 새살이 돋아나듯 힘든 상황을 이겨 내야겠다는 용기가 났습니다.

마음을 진정시키고 풍랑이 이는 마음을 가라앉히는 데 큰

도움을 받고 있습니다. 저같이 마음이 힘든 분들에게 깊은 위로
가 되는 선물 같은 책이 될 거라 믿습니다.

김대석

저는 외모 컴플렉스와 대학입시에 실패한 경험이 트라우마
로 남아 오랜 시간 목표 달성에 대한 집착과 성취에 대한 갈망
으로 고통을 겪었습니다. 절망스럽던 상황에서 목표에 대한 집
착 이면에 사랑을 받고 싶은 마음과 조건에 의존한 행복을 추구
하는 자신이 있다는 것을 발견하게 되었습니다. 상황에 영향을
받지 않고 편안하고 기분이 좋은 하루를 보내는 방법을 알게 되
었습니다.

더 이상 현실이 우울하지 않으며 자신을 찾아가는 과정 속
에서 알아가는 기쁨을 느끼며 살아가고 있습니다.

박준우

"삶 속에서 에고를 내세우지 말고 계속 내려놓고 내맡기는
연습을 하라" 하셨지요. "참나는 테크닉으로 찾아지는 게 아니
고 에고가 작아질 때 저절로 드러나며 삶이 나를 통과한다고 생
각하며 살아라" 하셨지요.

순간적으로 올라올 때는 평정심을 갖는 게 참으로 어렵더군
요. 다행인 건 현재를 금방 알아차리고 평상심으로 돌아오는 시
간이 점점 짧아진다는 것입니다. 죽는 날까지 매일매일 명상수

행을 게을리 하지 않으려 합니다.

이일규

　김지나 작가님 말씀 중 가장 기억에 남는 건 "현실이 신입니다. 현실과 한편을 먹으면 백전백승, 에고와 한편을 먹으면 백전백패"라는 말입니다. 처음 들었을 때 '받아들임을 이렇게 와닿게 설명해주실 수 있구나' 하며 감탄했던 기억이 납니다. 현실을 저항하고 바꾸려 할 때마다 현실인 신과 한편이 되는 법을 연습할 수 있게 되었습니다.

이민주

　과거에 부정적인 기억들로 많이 힘들어했었는데, 작가님의 말씀을 듣고 정말 많이 치유되었습니다. 기억하기 싫은 일들이 떠올려질 때마다 동일시하지 않고 3자의 입장으로 지켜봅니다. 지금은 과거의 기억 때문에 힘들지 않습니다.

강소영

prologue

죽음을 앞두고 새롭게 열린 세상

삶 속의 온갖 자잘한 일들을 대면하여 늘 중심에 머물게 하는 마음의 기술을 연마하는 게임에 맛을 들이다 보면, 어느 날 문득 당신은 자신이 정말 중대한 문제 앞에서도 중심을 지킬 수 있게 된 것을 발견할 것이다.

과거 같았으면·당신을 파멸로 몰아갔을 종류의 사건도 당신을 완벽하게 평화로운 중심에 남겨둔 채 왔다가 그냥 지나가게 할 수 있다.

마이클 A. 싱어의 『상처받지 않는 영혼』 중에서

어느 날 갑자기 나의 삶을 파멸로 몰아간 사건이 있었다. 턱이 벌어지지 않아 밥도 먹기 힘든 지경에 이른 것이다. 결국 병원에 가서 치료 받기로 했다. 건강의 악화는 단지 몸에 해당하는 것이 아니었다. 삶 전체에 영향을 미치는 지각 변동이 일어난 것이다. 보이는 현상은 단지 그것이 전부가 아니었다. 그 밑단을 이루고 있는 삶의 내용과 관련한 총제적 문제이다. 이 일을 통해 나라는 존재와 삶 전체를 면밀하게 들여다볼 수 있었다. 어떠한 어려운 상황에서도 초연하게 바라보고 받아들일 수 있는 마음이 될 수 있었다. 심지어 죽음을 앞두고 새로운 세상이 열렸다. 고통 속에 머물다 존재로 깨어난 이야기를 소개한다.

○●○●○

　사건의 발단은 10년 전으로 거슬러 올라간다. 사업에 신경 쓰느라 차일피일 미루던 치아 교정을 하기로 했다. 앞니 하나만 교정하면 되는 간단한 일이기에 회사 근처 병원에 치아 교정을 하러 갔다. 치과에서는 몇 번의 실패 후에 교정 장치를 부착했고 그 과정에서 치아 하나가 상하게 되었다. 치과에서는 시간이 지나면 괜찮아진다고 했기에 치아가 정상화되기를 희망하며 몇 달을 더 기다렸다. 상태는 더 안 좋아졌고 결국 신경치료를 했지만, 그 후에도 통증은 계속되어 결국 교정을 중단하게 되었다. 치아 모양도 이상해지고 멀쩡하던 치아 교합까지 맞지 않게 되었다. 별거 아니라고 생각했던 것이 문제가 되었고 점점 더 커졌다. 그 상태가 길어지면서 나중에는 엄청난 스트레스가 마음을 짓눌렀다.

'내 잘못이 아닌데 왜 이리 힘들게 고통을 겪어야 하나?'
'이전으로 되돌릴 수 있다면 얼마나 좋을까?'

의료진에 대한 원망과 어리석었던 자신에 대한 자책감에 괴로웠다. 회사에서도 화가 나고 짜증이 많아지며 일이 손에 잡히지 않았다. 더 이상 남들에게 내 상태를 숨길 수 없을 지경이 되어 버렸다. 그래도 일단 숨기고 보자는 생각으로 아는 사람도 없고 연고도 없는 곳, 제주도를 생각해냈다. 순식간에 서울 일을 정리하고 제주도로 내려왔다.

그곳에서의 생활은 천국과 지옥을 왔다 갔다 하는 삶이었다. 제주도의 자연과 명상, 쉼이 나에게 위로를 주었다. 그러다가도 인생이 내 의지와 상관없이 멈춰버린 상황과 사람들에 대한 원망 때문에 괴롭고 힘들었다. 설상가상으로 턱에 통증이 찾아오기 시작했다. 그것은 더욱더 나를 두려움 속으로 몰아넣었다. 끝이 보이지 않는 깊은 터널 속으로 깊이 들어가는 느낌이었다.

병원이라면 이제 생각도 하기 싫었고 '그냥 쉬고 스트레스를 안 받으면 자연적으로 낫지 않을까?' 막연하게 생각하면서 마음을 달래는 것에만 최대한 집중했다. 중간에 턱의 통증이 심해져서 밥을 먹을 때도 아프기 시작했다. 다시는 병원에 가지 않겠다고 결심하고 더 깊이 숨어 들어갔다.

　나는 원래 종교나 명상, 마음공부에 관심이 많았다. 20대까지는 관련 책도 많이 읽고 여러 명상과 수행도 열심히 했다. 그러다가 사업을 하게 되면서 잠시 놓아두었다. 상황이 이렇게까지 되자 지푸라기라도 잡는 심정으로 친숙했던 그것들을 다시 붙잡기 시작했다.

　살기 위한 몸부림은 명상에 더욱 집중하게 했고 그럴 때면 조금 나아졌다. 다시 통증이 시작되면 고통의 괴물이 나를 집어삼키는 것 같았다. 하루하루를 통증이 있는지 사라졌는지 신경 쓰느라 여념이 없었다. 새로운 일도 시작할 수 없었고 인생도 계획할 수 없었다. '이 상태로 무슨 미래가 있단 말인가?' 고통 속에서 자조 섞인 물음을 던질 수밖에 없었다. 이제는 소화도 안 되기 시작했다. 위가 운동을 하지 않는 담적병(위장 외벽이 음식으로 인한 독소 때문에 딱딱하게 굳어지고 붓는 질환)이 새로 더해졌다. 치아에서 턱으로 이제 위까지. 몸이 망가질 대로 망가졌고 마음 상태는 더 말이 아니었다.

　숨어버린 지 3년째. 살고자 하는 사투를 끝내고 쉬고 싶다는 생각이 들기 시작했다. 망쳐버린 인생을 이제 끝내는 게 낫겠다 싶었다. 원망도 미움도 희망도 다 내려놓고 쉬어야겠다고 말하고 있었다.

'최대한 내 주위 사람들에게 피해를 주지 않는 방법이 무엇일까?'

'이웃에 피해를 주면 안 되겠지'

'번개탄을 사서 차에서 하는 것이 낫겠다.'

여름이 막 시작하던 그때 나는 유언장을 쓰고 그렇게 삶의 마지막을 준비하고 있었다. 그러던 어느 날, 초록 잔디와 허브 향으로 가득한 제주 집 마당을 걸어 나갔다. 몇 년을 함께 한 집과 나를 보고 꼬리치던 강아지에게 마지막 인사를 하려던 그 순간이었다.

갑자기…. 내가 완전히 사라져 버렸다. 나의 몸뿐 아니라 마음마저 통째로, '나'란 것이 갑자기 사라져버렸다. 나는 온데간데없어지고 세상만 남았다. 정확히 이야기하면 내가 세상이 되어 세상과 하나가 되어버렸다. 그리고 동시에 가슴 깊은 곳에서 뜨거운 것이 올라오면서 눈물이 끊임없이 흘러나오기 시작했다. 눈물과 함께 처음 느껴보는 벅찬 사랑이 내 안에서 폭포수처럼 쏟아졌다. 분명히 조금 전까지 나에게 피해를 주었다고 생각한 사람들과 세상을 원망하고 망쳐버린 내 인생을 저주하면서 자신을 미워하고 있었다. 그런데 한순간에 그 모든 것이 사라지고 그곳에는 충만한 사랑이 있었다.

내가 통째로 사라져 버린 그 순간 , 이 세상은 사랑으로 가득 차 있었다. 내가 원망하고 미워한 사람들, 나 자신과 인생을 사랑하고 있었다는 것을 깨달았다. 무언가 강력한 소용돌이로 들어가는 느낌이었다. 의도와 상관없이 어떤 힘에 의해서 순식간에 모든 일이 일어나고 있었다. 그 자리에서 서서 얼마나 눈물을 흘렸는지 모른다. 그것은 슬픔이나 한의 눈물이 아니라 기쁨의 눈물이었다.

'나는 전체구나. 사랑 자체구나. 모두가 다 나였구나'
'내 삶은 나를 사랑하고 있었구나'

그 사건 이후로 나에게 일어난 일 때문에 한동안 어리둥절했다. 하지만 기쁨은 떠나질 않았고 사랑은 여전히 넘쳐났다. 모든 존재에 대한 사랑이 넘쳐났다. 그리고 거의 한 달 동안 내몸이 나인지 헷갈렸다. 내가 보는 모든 것이 나로 느껴졌다. 얼마 후에 다시 원래 상태로 돌아왔지만, 나의 정체성은 완전히 바뀌었다. '내가 누구인지', '진짜 내가 무엇인지' 알게 되었기 때문이다.

누군가에게 나의 이야기를 듣고 이렇게 자주 물어본다.
"그럼 턱은 다 나았나요? 그래서 병이 사라졌나요?"

"아니요, 그대로 있었습니다."
"하지만 더 이상 그것이 나에게 고통을 주지 않았습니다."

18

라고 답한다.

통증은 있지만, 그것이 더 이상 고통이 아니었다. 그래서 병원도 한참 후에야 찾게 되었다. 나에게 찾아온 변화와 기쁨에 취해 한동안 어리둥절했고 그것을 파악하느라 통증을 잠시 잊고 있었다. 시간이 지나 병원에 가서 치료받아야겠다는 생각이 들었고 병원도 겁나지 않았다. 다 잘 될 것이라는 이유 모를 확신이 있었기 때문이다. 그 후에 전문 병원을 찾아서 상담 받고 좋은 병원과 선생님을 만나 치료를 받게 되고, 감사하게도 이제는 정상적인 생활을 할 수 있게 되었다. 거의 4년간 몸과 마음이 극심한 고통에 시달렸다. 삶을 포기할 만큼 힘든 고통이었다. 그런데 깨어서 보니 사실은 그렇게 힘들어하지 않아도 되는 것이었다.

나의 경험을 나누고 싶어 〈아이엠TV_마음공부〉라는 유튜브 채널을 만들었다. '어떻게 하면 고통에서 벗어날 수 있는지', '지금 나로 행복할 수 있는지'에 대해 지난 4년간 많은 사람과 나누었다. 그 내용을 이 책에서 주제별로 정리했다. 마음공부를 하는 분들과 지금 힘든 시간을 겪어내고 있는 분들에게 도움이 되었으면 하는 바람으로 이 책을 엮었다. 특히, 지금 고통 속에 있는 분들에게 이렇게 말씀드리고 싶다.

여러분, 많이 힘들고 괴로운가요?

저도 너무 괴롭고 고통스러웠습니다.

그렇게 고통스러워하지 않으셔도 됩니다.

고통에서 벗어나는 길이 있으니까요.

그 길로 가면 살만합니다.

우리 함께 그 길로 가보아요.

contents

|목차|

2장 | 내려놓음과 내맡김

3장 | 현존

4장 | 내면을 따르는 삶

5장 | '있음' 바라보기

6장 | 에고 데리고 살기

1
장

생각으로부터의 자유와 깨어남

깨어남은 자아
정체성이 바뀌는 것

　'깨달음'에 대한 기준과 정의는 사람마다 천차만별일 것입니다. 깨달음을 얻으면 전생이나 후생도 훤히 알게 되고 병을 고치거나 신통을 부릴 수 있는 전지전능자가 된다고 생각하는 사람도 많습니다. 아마도 초능력자나 외계인같이 전혀 다른 존재로 변하는 것으로 여기는 것 같습니다. 깨달은 사람을 떠올리면, 속세를 떠나 살면서 흰 수염을 기른 도사님이나 누더기를 입은 고승의 상을 떠올리는 분들도 많을 것입니다.

　하지만 실상은 아닙니다. 깨달음은 누구에게나 일어납니다. 어느 수행자가 깨달음을 얻은 후에 "뭐야 이게 다야? 내가 매일 쓰던 거잖아"라고 했다는 이야기가 딱 맞습니다. 가끔 수행 중에 신비 체험을 할 수도 있지만, 그것은 깨달음의 본질과는 거리가 있습니다. 깨달음이란, 나에 대한 '정체성'이 바뀌는 것입니다. 다시 말해, 깨달음은 '진짜 나'가 무엇이고 누구인지 깨닫는 것입니다.

우리는 보통 자기 몸과 마음을 '나'라고 생각합니다. 거기에 '이름은 이렇고', '생김새는 어떻고', '직업은 무엇인지' 덧붙여집니다. 자기 몸 마음과 그것에 붙은 꼬리표에 자신의 정체성을 두고 살아갑니다. 이렇게 마음이 만들어 낸 제한적 자아를 심리학에서는 '에고(Ego)'라고 합니다. 이러한 에고는 나와 남으로 구분된 개체입니다. 에고는 내가 좋아하고 싫어하는 것들, 갈망하거나 두려워하는 것들로 이루어진 '나'입니다. 만족을 모릅니다. 설령 만족한다고 해도 잠시뿐입니다. 에고는 마음이 지어낸 자아상이며 과거에 얽매이고 미래에서 만족을 구합니다.

에고는 항상 결핍을 느끼며 무언가를 찾아다닙니다. 지금 가진 것에 만족하지 않고 더 보태어 완전해지려고 합니다. 더 많이 소유하고 정복하며 최대한 쌓아두려고 합니다. 그래서 강박관념을 가지며 미래에 집착하게 되지요. 결국 지금 이 순간의 소중함을 모르고 다음 순간을 위해 살고 있을 뿐입니다. 지금이 아닌 다음을 찾다 보면 평생 기다릴 수밖에 없으며 결코 얻을 수 없습니다.

에고는 물 위에서 출렁이는 물결처럼 어떤 조건에 의해 생기고 사라지는 허상일 뿐입니다. 하지만, 대부분 사람은 그것이 자기 자신인 줄 착각하고 집착합니다. 중요한 것은 '보는 자' 입니다. 몸과 마음이 잠시 일어났다 사라지는 것을 아는 존재이자 바탕입니다. 깊은 차원에 존재하면서 과거와 미래를 초월한 참된 '나'입니다.

이것은 무한한 우주 전체이고 너와 내가 하나가 되는 영역입니다. 이것을 우리는 에고와 구분해서 '본래의 나', '참나' 또는 '진아'(眞我) 라고 합니다. 깨달음은 에고가 내가 아니라는 것을 아는 것입니다. 우주 전체가 '진짜 나'라는 것을 알게 되는 것입니다. 본래 자기 자신으로 깨어나는 것이지요. 그래서 옛 스승도 그렇게 '나는 누구인가?'를 찾으라고 했던 것이지요.

그래서 깨어남 이후에는 '나'라는 정체성이 '에고'에서 '참나'로, '개체'에서 '전체'로 옮겨갑니다. 이것은 머리로 이해해서 아는 것이 아닙니다. 정체성이 내면에서부터 확연하게 바뀌어 저절로 아는 것입니다.

에고와 참나를 의식 차원으로도 이해할 수 있습니다. 에고가 표면 의식이라면 참나는 의식 밑바닥에 있는 근본 의식으로 존재의 본바탕입니다. 우리들 누구나 내면에 이 두 가지 의식이 공존합니다. 그리고 참나 의식은 어린아이나 노인, 가난한 자나 부유한 자, 아픈 자나 건강한 자, 의인이나 죄인 등 모두에게 존재합니다. 모든 사람 안에 존재하지만, 자신에게 있다는 것을 의심하거나 망각하는 경우가 대부분입니다.

대부분의 사람들은 '에고 의식'으로 살지만 깨어난 사람은 '참나 의식'으로 살게 됩니다. 하지만, 중요한 것은 알든 모르든 우리들 각자가 '참나'이면서 '전체'라는 것입니다. 의식이 깨어나서 '내가 곧 우주 전체'라는 것을 알게 된 사람이나 그렇지 않은 사람이나 존재의 실상과 본바탕은 동일합니다. '나는 분리된 개체가 아니라 전체'라는 것은 누구에게나 동일하다는 것이죠. 알든 모르든 눈에 보이지 않는 공기가 있다는 사실은 분명하며 모두가 그것을 마시며 살아가고 있는 것과 같습니다.

깨어남 이후에
달라지는 것들

깨어남은 에고에서 참나로 자아 정체성이 바뀌는 것입니다. 내가 느끼는 삶의 질감도 달라집니다. 그렇다면 깨어남 이후에 구체적으로 무엇이 달라지는 걸까요? 정체성이 바뀌는 것이 왜 중요하며 그것이 내 인생에 어떤 의미가 있을까요? 즉, '내가 누구인지'를 알면 무엇이 어떻게 좋은가요?

깨어남 이전과 이후는 겉으로 보면 별 차이가 없는 것 같지만 실제로는 하늘과 땅 차이입니다. 포도와 포도주의 차이처럼 포도를 먹고는 취하지 않지만, 포도주를 먹으면 취하는 것처럼 말이죠. 프롤로그에서 제가 삶을 포기하려고 할 만큼 괴롭고 고통스러운 상황에서 깨어남이 일어났다고 말씀드렸습니다. 그 순간, 외부 조건은 변하지 않았음에도 모든 것이 기쁨과 환희로 완전히 바뀌어버린 기적이 바로 그것입니다. 깨어남 이전 에고 의식의 상태일 때는 걱정, 근심, 두려움, 원망, 후회 등의 감정이 나를 힘들게 합니다. 참나 의식의 상태에서는 사랑이 충만합니다. '순수한 사랑' 그 자체가 가득합니다. 순수한 사랑이란 너와 나의 분리가 없는 일체감입니다. 우주의 근본과 하나로 연결된 상태입니다.

제 경우에는 원망과 두려움, 후회 등의 감정에서 괴로워하고 있을 때는 '에고 의식'이 자리 잡고 있었습니다. '참나 의식'으로 깨어난 순간 이 세상에는 '사랑' 밖에 없다는 것을 알았습니다. 사실 모든 것의 바탕은 사랑이었습니다. 미워하고 원망했던 사람들, 모든 상황과 사건들, 나에 대해서도 '사랑'의 감정만이 느껴졌습니다. 그 순간 나를 짓누르던 고통에서 벗어날 수 있었습니다. 즉, '에고'의 지배에서 벗어나자 실존인 '참나'가 깨어난 것입니다. 사랑으로 충만한 '참나 의식'은 '에고 의식'과 비교할 수 없을 정도로 큰 존재였습니다.

그뿐 아니라, 나의 본성이 사랑이라는 것을 깨달은 후에는 자유로워질 수 있습니다. 더 이상 생각과 감정에 속지 않기 때문이지요. 생각이나 감정이 일어나지 않는 것이 아닙니다. 하지만, 생각이나 감정에 끌려다니지 않게 됩니다. 깨어나기 전에는 '나는 지금 불안하다'라는 생각이 떠오르면 생각이 일어남과 동시에 불안한 감정에 휩싸이게 됩니다. 하지만 나의 본성을 알게 된 후에는 그러한 생각이 들면 '아닌데, 나의 본성은 원래 평온하고 고요한데'라며 그 생각을 믿지 않게 되는 것입니다. 원래의 본성이 '불안'이 아니라 '사랑'과 '평온'이란 걸 체험으로 알게 되었기 때문에 생각에 속지 않게 되는 것이지요. 더 이상 생각이나 감정에 낚이지 않을 수 있게 됩니다. '저 사람은 정말 미워'라는 생각이 들면 그 생각을 그대로 믿는 것이 아니라 '그건 사실이 아니야. 본성은 사랑 그 자체인데 미움은 진짜가 아니잖아. 지나가는 생각일 뿐이야'라고 여기는 것이지요. 마치 자석이 자성을 잃고 냉장고에서 '툭' 떨어져 나가는 것과 같습니다.

에고로 살 때는 나를 분리된 개체라고 생각합니다. 그 때문에 삶을 믿지 못하고 항상 불안 속에서 살아갑니다. 과거에 저는 '이 세상에 나 혼자뿐이고 내가 모든 것을 짊어지고 가야 한다'라고 생각했습니다. 내가 소방수 같다는 생각이 들기도 했습니다. 하루하루 새로운 문제와 고민거리들이 계속 생겨났습니다. 한 가지 고민의 불을 끄면 다른 불이 나서 또 그것을 꺼야 했습니다. 매일 새로운 불을 끄는 소방수와 다름없었습니다. 삶에서 일어나는 모든 것을 뜬 눈으로 감시하지 않으면 안 됐어요. 언제 큰일이 날지 모르고 잘못될 수 있다는 번뇌가 끊이질 않으니 마음이 쉴 수가 없었던 것이죠.

어느 순간 소방수를 포기하게 되었습니다. 항상 감시하고 고민했음에도 소용없었기 때문이죠. 삶 어디에선가 내가 끄기엔 너무 큰불이 나버렸습니다. 그런데 갑자기 구름이 몰려오더니 소나기가 내려 큰불을 순식간에 꺼버렸습니다. 제가 계획하지도 않았는데 말이에요. 스스로 불을 끄지 않으면 아무도 도와주지 않는다고 생각했습니다. 그런데 전혀 예상하지 못한 때에 무언가가 나를 절망에서 건져내 주었습니다.

당혹스럽고 신기하기도 하고 그저 멍하니 지켜볼 수밖에 없었습니다. 마음속 깊은 곳에서부터 '어쩌면 내가 생각하는 것보다 더 괜찮은 내 삶이 펼쳐질지도 모르겠다'라는 믿음이 생기기 시작했습니다. 나 혼자 내 삶을 전전긍긍하면서 끌고 갈 필요가 없을지도 모른다는 '믿음'이 싹트기 시작한 것입니다.

믿음이란 삶과 근원에 대한 전적인 신뢰입니다. 삶이라고 표현한 이것을 하늘, 하나님, 부처님, 참나, 본성, 우주라고 부르든 간에 상관없습니다. 이것을 가리키는 손가락은 달라도 괜찮습니다. 중요한 것은 존재의 바탕인 그것을 알아차리고 내맡기고 있느냐는 것입니다.

삶은 전전긍긍하며 잘못될까 염려하고 계속해서 감시해야 굴러가는 수레가 아닙니다. 우주가 내 삶을 주관하고 있고 나를 통해 우주가 산다는 것을 깨닫는 것, 그것이 내가 삶을 운전하고 조정하는 것보다 훨씬 낫다는 것. 머리로 아는 것이 아니라 마음 깊이 진심으로 깨닫는 것이 믿음입니다. 잔뜩 긴장한 상태로 운전대를 잡고 장거리를 가지 않아도 된다는 안도감과 해방감입니다. 뒷좌석에서 풍경을 바라보며 베테랑 운전사의 차를 타고 가도 된다는 편안함 같은 것입니다.

삶에 대한 신뢰가 생기면 받아들임과 내맡김이 자연스럽게 진행됩니다. 안 좋아 보이고 걱정되는 상황이 여전히 생기기도 합니다. 하지만, 그럴 때마다 마음속에서 '생각만큼 나쁜 게 아닐 수도 있어. 삶이 알아서 해주겠지. 내가 보기에 좋지 않을지라도 삶의 뜻이 그렇다면 괜찮아'라고 여기는 순간 걱정과 두려움에서 해방되고 평안함이 찾아옴을 느낄 수 있습니다. 생각하는 대로 이루어지지 않을 때 겪는 고통에서 벗어날 수 있습니다. 꼭 이래야만 한다는 강박에서 벗어날 수도 있습니다. 괴로움에서 멀어지고 행복이 다가옵니다.

깨어남 이후에 달라지는 또 한 가지가 있습니다. 더 이상 답을 찾아다니지 않게 된다는 것입니다. 어릴 적부터 종교나 영성에 관심이 많았던 저는 인생의 답을 찾아 헤매었습니다. 깨달음이 책에 있을지도 모른다는 기대를 하고 많이 읽었습니다. 다양한 종교단체에 가보고 여러 명상을 해보면서 수행해 봤지만 찾을 수가 없었습니다. 갈급함만이 남게 되었지요. 답을 찾고자 하는 열망은 나이가 들어가면서 점차 약해졌습니다. '단기간에 찾을 수 있는 게 아니구나, 포기하고 돈이나 벌어야겠다'는 마음이 되었습니다. '돈을 많이 벌면 남들보다 빨리 은퇴할 수 있겠지?! 국내 수행처나 해외 아쉬람에 다니면서 천천히 공부하다 보면 죽기 전에는 찾을 수 있지 않을까?'하고 생각했습니다.

그런데 그렇게 찾아 헤매던 것을 전혀 예상하지 못한 때에 생각지도 못한 방식으로 찾게 되었습니다. 제가 생각했던 멋지고 근사한 방식은 전혀 아니었지만요. 동화 '파랑새'에서 해주는 이야기와 같았습니다. 파랑새를 찾아 헤매던 남매가 결국은 찾지 못하고 집으로 돌아왔지만, 그토록 찾던 파랑새는 자기 집에 있었다는 스토리처럼 말이죠. 그토록 찾아 헤맨 그것이 바로 내 안에 있었습니다. 어디 도망가지도 않으며 없어지지도 않는다는 것을 알게 되었습니다. 그 후로 외부에서 찾아 헤매지 않고 의문도 없습니다. 지금 여기에서 만족하게 됩니다.

궁극적으로
얻게 되는 것

붓다는 출가 전 태자 시절에 카필라성의 동서남북에 있는 문밖으로 나가 충격적인 광경을 목격했습니다. 동문에서는 늙은이를 보고, 남문에서는 병든 자를 보고, 서문에서는 죽은 자를 보았습니다. 그 후 자신도 인간이 겪는 이러한 고통의 굴레에서 벗어날 수 없음을 알게 됩니다. 마지막으로 북문에서 수행자의 행복한 모습을 보고 출가를 결심했습니다. 고통에서 벗어나 행복에 이르는 길을 찾기 위해 출가를 한 것이지요. 예수를 믿는 사람이 천국에 가고자 하는 이유도 마찬가지입니다. 하나님 나라에 가면 근심 걱정 없이 살 수 있을 것이기 때문입니다. 결국 깨달음을 얻으려는 이유는 고통에서 벗어나 행복하기 위함이며 다음 공식이 성립함을 알 수 있습니다.

깨어남 (깨달음) → 고통에서 벗어남, 행복

그렇다면 '어떻게 깨달음을 얻을 수 있을까요?' 다시 말해, '어떻게 하면 고통에서 벗어나서 행복할 수 있을까요?' '깨달음'을 얻는 것과 '행복할 수 있는 것' 중 어떤 것이 더 어렵게 느껴지시나요? '깨달음'이라고 하면 거창하게 느껴지고 여러 의미로 포장되어 있어 확연하게 와 닿지 않지만, '행복'이라고 하면 쉽게 이해됩니다. 우리는 막연하게 '깨달음을 얻으면 행복할 거야'라고 생각합니다. 모든 것이 해결되고 아무 걱정 근심 없이 살 수 있을 거라고 생각하기 때문에 깨달음을 갈구하고 가지려 안달합니다. 하지만 그럴수록 깨달음은 더 멀어져갑니다. 오히려 거꾸로 해야 합니다. 위의 공식에서 화살표의 방향을 바꾸어 보겠습니다.

깨어남 (깨달음) ← 고통에서 벗어남, 행복

여기에 비밀이 숨어 있습니다. 깨어남 이후에는 괴로움에서 벗어나 행복을 얻을 수 있다고 했습니다. 그렇다면 먼저 내가 괴로움에서 벗어나서 행복한 사람이 되면 깨어나거나 깨달은 사람이 되겠네요? 따라서, 우리는 깨달음에 앞서 '어떻게 하면 고통에서 벗어날 수 있나요?' '행복할 수 있나요?'라고 질문해야 합니다. 위의 두 관계식을 정리하면 이렇게 됩니다.

깨어남 (깨달음) ↔ 고통에서 벗어남, 행복

깨달음을 추구하는 사람이 어떤 인연과 방법을 통해 참된 자아 정체성을 되찾으면 고통에서 벗어나 행복한 상태가 됩니다. 역으로 궁극적 행복으로 살아가는 사람은 이미 고통에서 벗어나 깨달음은 얻은 상태와 다름없습니다.

여기에서 행복은 극도의 흥분과 기쁨이 진동하는 상태와는 다소 차이가 있습니다. 오히려 차분하고 편안하며 만족스러운 상태에 가깝습니다.

앞서 말씀드린 것처럼 저 자신이 고통 속에서 아주 많이 괴로워했고 운 좋게 그것에서 벗어나게 되었습니다. 그래서 지금, 현재 그러한 고통을 겪고 계신 분들께 "여러분, 저처럼 고통받지 않으셔도 됩니다. 살길이 있습니다. 이렇게 하면 살만해집니다"라고 말씀드리고 싶을 뿐입니다. 깨어남 이후에 달라지는 것은 바로 '괴로움에서 벗어나 행복을 얻는 것'입니다.

우리가
고통을 겪는 이유

고통에서 벗어나는 방법을 말하기 위해서는 우리가 왜 고통을 겪는지 먼저 알아볼 필요가 있습니다. 병의 원인을 알아야 치료할 수 있는 것처럼 말입니다. 인간은 왜 고통을 겪을까요? 바로 '생각하는 능력' 때문입니다. 유발 하라리가 쓴 세계적 베스트셀러『사피엔스』에서 그 이유를 찾아볼 수 있습니다.

책에는 인류 초기에 있었던 네안데르탈인, 호모에렉투스 등의 6개의 다른 인종 중에서 호모사피엔스라는 종이 다른 모든 종을 정복하고 동물과 식물을 다스리는 지구 최고의 지배자가 된 이유가 설명되어 있습니다. 호모사피엔스는 처음에 다른 동물들과 별반 다를 것 없이 살았습니다. 그런데 지금으로부터 약

7만 년 전에 호모사피엔스라는 종이 나타나면서 지구상의 최고 지배자로 등극하게 되었다는 것입니다. 그 원인은 우연히 일어난 유전자 돌연변이가 사피엔스 뇌의 내부 구조를 바꿨기 때문이었습니다. 덕분에 전에 없던 방식으로 생각할 수 있게 되었으며 완전히 새로운 유형의 언어를 사용해서 의사소통할 수 있게 되었다는 것이죠.

달리 말하면, 사피엔스에게 나타난 돌연변이는 생각할 수 있는 능력, 상상할 수 있는 능력을 말합니다. 실제로 존재하지 않는 것에 대해 말할 수 있게 된 것이죠. 허구를 만들어 내고 믿는 능력이 생겼습니다. 원숭이를 설득해서 '바나나 한 개를 바치면 죽은 뒤에 원숭이 천국에서 무한히 많은 바나나를 갖게 될 것'이라고 믿게 만들 수는 없습니다.

하지만, 사피엔스에게는 가능합니다. 이러한 상상력을 이용한 허구를 믿는 능력 덕분에 사피엔스는 개인의 상상을 넘어 집단으로 상상할 수 있게 되었습니다. 전설, 신화, 신, 종교를 만들어 낼 수 있게 되었습니다. 그것으로 사피엔스는 서로 유연하게 협력하는 능력을 갖출 수 있게 되었던 것입니다. 유발 하라리의 설득력 있는 설명에 공감하기도 했지만, 오히려 그 이면을 보았습니다.

인간은 생각하는 능력 또는 실재하지 않는 것을 이야기하고 믿는 능력 때문에 모든 종의 지배자가 되고 그 힘으로 문명과 과학을 발달시켰지만, 그것 때문에 다른 동식물과 달리 필요 이상의 고통을 겪게 되었습니다. **허구를 믿는 능력 때문에 인간은 실재하지 않는 과거와 미래를 만들어 내고 현실과 다른 이야기들을 지어내면서 그것을 실제처럼 느끼고 믿으며 새로운 고통을 창조하게 되었습니다. 이것은 생각의 폐해이며 진화의 부작용입니다.**

생각하는 힘, 상상의 힘을 얻은 대신 그것의 노예가 될 수 있는 위험한 거래를 한 것이지요. 생각으로 만든 허구를 믿는 능력 때문에 우리는 고통 받고 있습니다. 생각이 고통의 근원입니다. 정확하게 말하면 그 생각을 비판 없이 믿는 것이 고통의 원인입니다. 고통받는 원인을 잘 살펴보면 이 녀석이 범인이라는 것을 어렵지 않게 알 수 있습니다.

시험에 떨어져서 괴로워 죽을 지경이 되었다고 가정해 보겠습니다. 시험에 떨어졌습니다. 의기소침해지고 기분이 안 좋을 수 있습니다. 하지만 뇌는 여기에서 이야기를 만들어 내기 시작합니다. '시험에 떨어지다니, 난 쓸모없는 인생이야. 나는 해 봐야 소용없어. 머리가 나쁘거든. 포기하는 게 좋아. 이제 미래가 없으니 살 의미가 없어' 등등의 사실이 아닌 허구의 이야기를 마구 지어내고 그것을 비판 없이 받아들입니다. 시험에 떨어진 것이 고통을 일으키는 것이 아니고, 생각이 만들어 낸 허구가 고통을 일으키는 것입니다. 이것을 번뇌라고 합니다. 머리에서 들끓어 오르는 쓸데없는 생각이지요.

그러면 생각하는 힘을 퇴화시켜서 진화 이전으로 돌아가 다른 동물이나 식물처럼 되어야 할까요? 그건 불가능하겠지요. 그렇다면 생각이나 상상이라는 도구를 잘 다룰 수 있는 지혜를 계발해서 그것에게 지배당하지 않고 현명하게 사용할 수 있으면 됩니다. 다시 사피엔스 이전으로 돌아갈 수 없다면 나아가는 수밖에 없습니다.

그렇다면 '그것이 가능한가요?'라고 질문할 수 있습니다. 생각을 무조건 믿는 진화의 부작용을 극복하고 더 진화해서 그것에서 벗어날 방법이 있을까요? 혹시 그것을 먼저 이룬 사람들은 없었을까요? 유발 하라리는 미래의 인류에 대해서 사이보그 같은 소수의 호모데우스의 출현을 이야기하며 현 인류인 호모사피엔스 대부분은 과거 지구에서 사라진 네안데르탈인들처럼 멸종의 위기에 있다고 합니다.

그는 사피엔스의 우울한 미래를 이야기하고 있지만 저는 그 부분에서는 동의하지 않습니다. 오히려 우리가 좀 더 나은 의식의 진화를 이룰 가능성이 있다고 생각합니다. 이러한 진화의 부작용을 극복하고 그 방법을 알려준 선생과 선배들이 존재하며 그것은 벌써 한참 전에 시작되었습니다. 2600년 전 붓다로부터 시작해서 예수, 장자, 마하리시 그리고 이름 모를 수많은 수행자 그리고 우리들에 의해서 계속 진행되고 있다고 생각합니다.

우리는 업장이나 생각을 자신과 동일시 하고 있습니다.

이것이 깨달음과 사랑이 꽃피어나지 못하는 이유입니다.

상황을 인정하고 받아들이면 어느 정도는 거기에서

자유로워질 수 있습니다.

불협화음이 생겼을 때 그 사실을 알아차린다면,

그 앎을 통해 새로운 요인이 생겨 변화가 일어나게 됩니다.

에크하르트 톨레

2차 가해자는
누구일까?

우리가 고통받는 이유는 머릿속의 생각이 다 옳다고 믿기 때문입니다. 생각을 지나치게 믿을 필요가 없습니다. 하지만, 대부분의 사람들은 '생각의 광신도' 수준에 와 있습니다. 예를 들어, 아침에 출근하다가 돌에 걸려 넘어져서 다리를 다칩니다. 통증이 있습니다. 피가 날 수도 있겠지요. 병원도 가야하고 다친 다리 때문에 생활의 불편함을 감수해야 합니다.

하지만 문제는 여기서 끝나지 않습니다. 이야기를 덧붙이기 시작합니다. '어젯밤에 재수 없는 꿈을 꾸어서 내가 다리를 다쳤나 보다.' '꿈에 내가 싫어하는 전 남친(여친)이 나왔는데 아무래도 그것 때문인 거 같아', '왜 하필 내가 돌에 걸려 넘어졌을까? 나는 참 재수가 없는 사람이구나. 난 재수가 없으니 무얼 해도 안되는 거야.'라며 쓸데없이 생각을 확장하는 것이죠. 생각이 만들어 내는 2차 가해 때문에 인간은 다른 동물들보다 더 큰 괴로움을 겪습니다. 고통의 정도를 최대로 끌어 올려서 자신을 스스로 괴롭힙니다. '고통 극대화하기' 체험이지요.

많은 사람을 괴롭히는 또 다른 범인은 과거에 대한 기억입니다. 과거에 받은 상처로 인해 평생을 고통 속에서 살기도 합니다. 어린 시절 어머니를 포함하여 자신과 형제들이 아버지로부터 지속적인 가정폭력을 당한 기억으로 고통스러워하는 남성이 있었습니다. 지금은 중년이 훌쩍 넘은 나이인데도 여전히 그때의 기억 때문에 힘들어하고 분노 조절에 어려움을 겪고 있었습니다.

하루는 지하철을 타고 가고 있는데 자신이 서 있는 앞 좌석에 자신의 아버지와 비슷하게 생긴 안경을 낀 중년 남성을 보게 되었습니다. 그 순간 화가 치밀어 오르고 그 남자의 멱살을 잡고 싶은 충동을 주체할 수 없어서 다른 칸으로 서둘러 도망쳤다고 합니다. 그 이야기를 들었을 때 마음이 아팠습니다. 그 상담자는 이성인 여성이나 자신보다 연배가 낮은 아래 사람들과는 크게 문제가 없는데 권위적 위치에 있는 남성과는 끊임없는 충돌로 인해서 사회생활에서도 어려움을 겪고 있었습니다.

아버지의 폭력과 폭언은 연약한 어린아이가 감당하기에는 너무 큰 고통이었을 것입니다. 그의 아버지는 이미 돌아가셨고 본인도 성인이 되고 독립하여 가정을 이룬 지도 수십 년이 지났습니다. 지금 현실에서는 아버지도 존재하지 않고 폭력으로 인해 어떤 피해도 받고 있지 않습니다. 그런데 수십 년이 지나는 동안 그는 지속해서 그 기억으로 인해 고통을 받고 있었던 것입니다. 지금 그를 고통스럽게 하는 것은 아버지일까요? 아니면 그 기억과 그것을 반복 재생하고 있는 '생각'일까요? 누가 이 사람에게 더 가혹한 짓을 하는 걸까요?

물론 돌에 걸려 넘어진 것도, 어린 시절 폭력에 시달렸던 것도 나를 힘들게 한 것은 사실입니다. 하지만 **그 사건 자체가 준 시련보다도 생각으로 인해서 훨씬 더 큰 고통을 당할 수도 있습니다. 그렇다면 너무 억울하지 않나요?** 지금 나를 힘들게 하는 것은, 고장 난 라디오처럼 과거의 기억을 반복 재생하면서 부정적인 말을 되풀이하고 고통스러운 감정을 일으키는 '생각'임을 알아차려야 합니다.

내 안에는 생각을 넘어선 깊은 의식의 차원이 존재합니다. 이것은 순수의식이며 나의 실체입니다. 생각이 만들어 낸 '작은 나'가 지배하고 있는 삶은 고통 그 자체입니다. 하지만, 이것을 알아차리고 순수의식으로 돌아올 때 '큰 나'가 중심에 있는 삶이 되며 고통은 사라집니다. 이것을 통해서만이 사랑과 기쁨이 넘쳐나고 마음은 고요하며 삶에 평화가 찾아옵니다.

생각의 노예에서
벗어나는 방법

생각을 떠오르지 않게 하거나 내가 원하는 생각만 하도록 통제할 수 있을까요? 잠시 생각을 관찰해 보시기 바랍니다. 자기 생각을 온전히 통제할 수 있나요? 불가능합니다. 우리는 먼저 '생각'의 속성에 대해서 알 필요가 있습니다. 생각의 작용은 수천수만 년 동안에 걸쳐서 만들어진 하나의 시스템 같은 것입니다. 유전적, 환경적, 기타 요인으로 인해 만들어진 자동화된 시스템 같은 것이지요. 외부의 자극에 무의식적으로 반응하는 조건 반사적입니다.

예를 들어, 밤에 풀숲에서 '사사삭' 하고 소리가 났습니다. 노루가 그 소리를 듣는다면 '누가 나를 잡으러 왔나? 위험이다'

라고 생각하겠지만, 호랑이가 그 소리를 듣는다면 '사냥감인가 보군. 얼른 쫓아가야지' 할 것입니다. 노루나 호랑이에게 조건 반사적인 시스템이 있듯이 인간에게도 수천만 년 동안 축적되어 온 시스템이 있다는 것입니다.

한국 사람이기 때문에 그것의 조건화 된 모양은 다르다는 것입니다. 같은 상황이라도 유럽 사람들이 받아들이는 것과 한국 사람들이 받아들이고 반응하는 것은 다릅니다. 한국 사람의 DNA에는 그들만의 고유한 기억과 정보가 축적되어 있습니다. 예를 들면, 우리 민족이 겪은 고통과 한, 그것이 우리 안에 남아 있는 것이지요.

개인이 살아가면서 경험한 것들도 그러한 시스템을 구성하는 요소입니다. 특히 어린 시절, 나의 세계관이나 가치관이 확립되기 이전에 경험한 것들은 그냥 흡수할 수밖에 없습니다. 부모님을 비롯한 가족관계나 생활환경 등 여러 요소가 그러한 시스템을 형성합니다. 그래서 그러한 생각의 시스템은 벨이 울리면 침이 나오는 파블로프의 개처럼 조건 반사적으로 작동하는 것입니다.

그런데, **문제는 우리가 생각을 나 자신과 동일시한다는 것입니다. 무의식중에 머릿속에서 쉴 새 없이 떠드는 것을 나와 동일시합니다.** 그러므로 무조건 받아들이고 믿는 것이지요. 우리 부모와 조상도 그렇게 살아왔습니다. 그것이 당연시되고 삶의 패턴으로 굳어져 버린 것입니다. 하지만, 그 머릿속에서 떠도는 이야기는 내가 하는 것이 아니라 '조건화된 시스템'에서 나오는 것입니다. 따라서, 그것을 그대로 믿을 필요도 없고 죄책감을 느낄 필요도 없는 것입니다. 또한, 그것을 두려워할 필요도 없지요. 그 생각이 떠오르는 것 자체는 어쩔 수 없는 것입니다. 하지만, 그 생각을 믿고 안 믿고는 나의 선택이고 책임은 나에게 있습니다.

머릿속의 거짓 생각의 노예가 된 상태에서 자유로워질 방법은 무엇일까요? 바로 지켜보는 것입니다. 머릿속의 재잘거림과 그것이 만들어 내는 감정을 지켜봄으로써 나와 분리하는 것입니다.

가만히 있으면 나의 의식은 생각에 달라붙어 있습니다. 계속 그러한 상태로 살아왔기 때문에 무의식적으로 껌처럼 딱 붙어서 하나가 되어있는 것이지요. 그렇게 하나가 되어있는 한 생각과의 동일시로 인해 계속 고통받을 수밖에 없습니다.

나와 생각 사이에 틈을 만들어 이 둘을 분리해야 합니다. 이 틈을 만드는 과정이 명상이고 수행입니다. 틈을 만드는 수행에서 내가 할 일은 그것들을 지켜보는 것입니다. 생각과 감정을 지켜보는 것입니다. 이 단순한 행위가 바로 우리를 고통에서 벗어나서 깨어남으로 들어가게 하는 연금술입니다.

지켜보는 것이 어떻게 고통에서 벗어나게 해준다는 걸까요? 괴롭다는 것은 지금 삶이 만족스럽지 못하다는 것입니다. 지금 내가 겪고 있는 이 상황이 싫고 그것을 거부하는 마음이 고통을 만들어 냅니다. 더 부자가 되고, 더 건강하고, 더 존경받기를 원하지만, 현실은 그렇지 않습니다. 그래서 불만족하게 되고 두렵고 우울한 것입니다. 왜 이런 문제가 생길까요? 내가 싫어하고 거부하고 있는 어떤 외부적인 요인이 있습니다. 나를 괴롭게 하는 그것으로 인해 부정적인 생각들과 감정이 일어납니다. 과거에 대한 후회나 미래에 대한 걱정으로 재잘거리는 생각이 있습니다. 그리고 그 생각들로 인해 감정이 일어납니다. 불안, 초조함, 두려움, 분노, 원망 등의 감정이 일어납니다.

이때 '지켜보기'를 합니다. 생각이 떠오르면 그것이 일어남을 알아차리고 그 생각을 지켜봅니다. 본다는 말은 주의를 집중한다는 것입니다. 생각이 일어난 것을 알아차리고 그것이 하는 말을 지켜보고 그것이 사라지는 것도 관찰합니다.

감정이 일어나면 감정을 지켜봅니다. 감정을 지켜볼 때는 두려움, 분노 등이 일어날 때 나의 몸 안의 느낌을 예리하게 관찰합니다. 근육의 수축, 손의 떨림, 심장의 두근거림을 관찰합니다. 그리고 몸 안의 에너지를 느껴봅니다. 몸 전체를 흐르고 있는 에너지를 느껴보는 것입니다.

이때는 생각과 감정을 사냥감을 쫓는 맹수처럼 놓치지 말고 지켜보아야 합니다. 그리고 예리하게 지켜보기만 할 뿐 그에 대해 아무런 판단을 하지 말아야 합니다. 머릿속으로 판단하다 보면 문제와 갈등이 증폭됩니다. 고통 속으로 더 말려 들어가게 됩니다.

　　어떤 생각이나 감정이 일어나면 바로 알아차리고 지켜보아야 합니다. 놓치지 말고 그 생각과 감정을 지켜보세요. 나의 주의력을 집중하고 그 상태에 머무르세요. 지켜보는 힘이 점점 강해짐을 느낄 수 있습니다. 생각이나 감정을 빛으로 비추는 것처럼 느껴질 것입니다. 그 빛을 더 강하게 더 밝게 만들어 보세요.

　　지켜보는 힘이 강해질 때 내가 '지금'을 있는 그대로 받아들이지 못하고 거부하고 있다는 것을 알게 될 것입니다. 내가 겪는 분노, 슬픔, 두려움 등의 민낯이 드러나게 될 것입니다. 내가 '지금, 이 순간'의 현실에 저항하고 있다는 것을 알게 될 것입니다. 이러한 불편한 생각, 감정 그리고 그 뒤에 있는 무의식적인 저항을 피하지 말고 마주해야 합니다. 마주 보고 더 예리하게 지켜보아야 합니다. 내가 마주하게 될 그것이 무엇이든 그것을 받아들이겠다는 마음으로 지켜보는 것입니다.

당신은 사람이
아닙니다

마음을 집중해서 지켜볼 때 재미있는 현상이 일어납니다. 점점 사람의 형상이 사라지기 시작합니다. 형상이 사라진다는 말은 내가 지켜보는 자로서의 의식이 강렬해지면서 내가 순수 의식으로 존재하게 된다는 뜻입니다. 생각이나 감정을 주의 깊게 지켜볼 때 자연스럽게 지켜보는 자신도 의식하게 됩니다. 내가 '지켜보는 의식'으로 강하게 존재하고 있으면 내가 사람이 아니라 즉 생각, 감정, 오감이 아니라 그것을 지켜보는 '의식'이라고 느끼게 됩니다. 나의 정체성이 '사람'에서 '지켜보는 의식'으로 옮겨가게 되는 것입니다.

생각과 감정을 지켜봄으로써 나와 그들 사이에 틈이 생기고 그것들과의 동일시에서 벗어납니다. 생각이나 감정에 물들지 않은 순수한 의식으로 존재하게 됩니다. 생각이나 감정 그 어떤 것과도 동일시되지 않은 그 순수의식은 얼굴도 없고 몸도 없고 성별도 없고 나이도 없습니다. 그것은 사람이 아닙니다. 이때 나는 고통에서 해방될 수 있습니다. 왜냐하면, 나는 더 이상 사람이 아니기 때문에 '더 인정받기를, 더 많이 소유하기를' 원하지 않기 때문입니다.

내가 사람으로 살면 부족하고 불완전하고 두렵지만 내가 순수의식으로 지켜보는 자가 될 때, 나는 완전하고 온전합니다. 안전하고 고요한 내면의 깊은 곳에서 평온하게 됩니다.

드디어 고통에서 벗어나게 되는 것이지요. 그리고 이때 내 안에서 '깨어남'이 시작되는 것입니다. 그리고 일단 그 문을 찾고 나면 나는 언제든 다시 그곳으로 찾아 들어갈 수 있습니다. 나는 '거짓 자아'인 에고에 한정되지 않고 자유로울 수 있게 됩니다. 순수한 의식. '깨어 있음'으로 존재할 수 있기 때문이지요.

잘 모르겠다고 생각되면 이것만 기억하세요.

내가 괴로울 때, 떠오르는 생각과 감정을 알아차리고 지켜보세요. 주의력과 집중력을 높여서 놓치지 말고 지켜보아야 합니다. 빛이 밝기를 점점 높여서 비추듯이 크고 강렬한 주의력으로 지켜보세요. 그러면 저절로 나는 '에고'에서 벗어나 '순수의

식'이 되고 깨어남의 의식 차원으로 들어가게 됩니다.

평소에도 이것을 꾸준히 연습하기를 바랍니다. 이것은 깨어남으로 들어가는 강력한 수행법입니다. 가벼운 짜증이 날 때도 놓치지 말고 지켜보세요. 그것이 더 큰 분노나 원망들로 발전하기 전에 어떻게 바뀌는지 살펴보세요. 마음이 우리에게 하는 거짓말인 '내가 사람'이라는 착각에서 벗어나게 될 것입니다.

마음은 끊임없이 생존을 위해 무언가를 열망하지만,

진정한 힘은 아무것도 필요로 하지 않는다.

그 힘은 본질이 가진 덕성을 뿜는다.

신은 그래서 심오한 차원에서 평화를 가져온다.

모든 고통과 아픔은 신에게서 오는 것이 아니라

에고와 업으로부터 온다.

데이비드 호킨스

'내가 아프다' 하지 말고
'아프다' 하라

　"'내가 아프다' 하지 말고 '아프다' 하라." 이 간단한 말속에 붓다의 가르침이 담겨있고 괴로움에서 벗어나는 비법이 들어 있습니다. 우리는 '아프다'라는 말 앞에 있는 '나'라는 한 글자를 떼어 내기 위해 고생하며 힘들게 공부하고 수행하고 있는 것일지도 모릅니다. 보통 '나'라고 생각하는 것은 '개체의 자아'입니다. 몸과 생각, 감정 등의 마음을 '나'라고 여깁니다. 붓다는 사람들이 몸과 마음인 색수상행식(色受想行識|형상, 느낌, 표상, 의지, 의식)을 '나'라고 생각한다고 했지요. 이것이 '나'가 아니라는 사실을 깨달으면 괴로움에서 벗어나게 된다고 설했습니다.

　이것을 깨닫는 것이 어떻게 괴로움에서 벗어나는 길일까요?

붓다는 '본다'라는 경험을 '내가 본다'라고 하면 고통에 빠진다고 했습니다. 그러니 '내가 본다'라고 하지 말고 그냥 '본다'라고 하라는 것입니다. 그 이유를 차근히 살펴보겠습니다. 우리는 보고 듣고 냄새 맡고 하는 몸과 생각, 감정과 같은 마음을 경험할 수 있습니다. 그런데 이 몸이나 마음이 항상 있지 않고 계속 변하고 또 '내 마음대로'할 수도 없으므로, 붓다는 이것은 나라고 할 수도 없고 내 것이라고 할 수도 없다고 했습니다.

조금 더 쉽게 설명해 보겠습니다. '본다' '차갑다'라는 경험은 있습니다. 그런데 '나'라는 것은 실체가 있나요? 이 몸 마음에다가 그냥 붙인 개념일 뿐이지 실체가 없습니다. 뇌과학에서는 이 것이 좌뇌의 기능 중 하나라고 합니다. 이 기능이 손상을 입게 되면 '개체의 나'가 사라지게 됩니다.

하버드대 뇌과학자 질 볼트 테일러(Jill Bolte Taylor)의 경험에 의하면 37세에 뇌출혈로 좌뇌의 기능이 마비되었을 때 자신이 누구인지에 대한 정체성을 인식하는 능력이 사라져버렸다고 합니다. 이때 몸의 경계와 시간의 감각도 함께 사라졌다고 합니다.

테일러 박사는 뇌졸중으로 자신에게 일어난 변화를 뇌과학자의 시각에서 관찰함으로써 좌뇌에 대해 다음과 같은 사실을 밝혀냈습니다. 좌뇌는 우리가 외부 세계와 소통할 때 사용하는 도구이며 좌뇌의 언어 중추가 '나는 무엇 무엇이다'라고 말함으로써 내가 우주의 흐름에서 떨어져 나온 독립적인 존재, 단일하고 견고한 존재로 인식하게 된다는 것입니다. '나'라는 것은 실체가 없는 만들어진 개념입니다. 감각기관을 통해서 감각을 느끼고 인식하는 경험이 있는 것은 맞지만 '나'라는 것은 그냥 '개념'일 뿐이라는 것이지요.

여기에서 이런 의문이 들 수 있습니다. 맞으면 아프고 굶으면 배고프지 않나요? 맞습니다. 여기서 잘 보아야 합니다. '아픔이 느껴진다.' '배고픔을 느낀다'라는 경험은 있습니다. 하지만 '내가 아프다' '내가 배고프다'의 '나'라는 것은 뭐죠? 그것은 그냥 개념입니다. 그러면 '나'라는 개념이 뭐가 문제일까요? 붓다는 이것이 괴로움의 근원이라고 했습니다. 어째서 이것이 괴로움의 근원이 된다는 걸까요?

문제는 '나'라고 하는 순간 '너'가 생기기 때문입니다. 내가 아닌 나머지가 생겨납니다. 즉 이원성이 생겨나는 것입니다. 이 분리가 괴로움을 만들어 내는 것이지요.

예를 들어 보겠습니다. 아이들이 농구를 하고 있습니다. 슛도 쏘고 드리블도 하면서 즐겁게 놀고 있습니다. 그런데 갑자기 누군가 제안을 합니다. "우리 이러지 말고 두 팀으로 나눠 시합하자"라고 하는 거죠. 그래서 팀을 나눕니다. 그 순간 우리 팀과 상대 팀이 생기게 됩니다. 그때부터 어떤 일이 생길까요? 우리 팀이 골을 넣으면 엄청나게 기쁘고 상대 팀이 골을 넣으면 화가 납니다. 그리고 자꾸 실수하는 우리 팀에 있는 철수가 미워지기 시작합니다. 화가 나고 집착이 생기게 되죠. '쟤네 팀은 잘하는 데 우리는 왜 못하나, 이러다가 우리 팀이 지면 어떡하나, 또는 우리 팀이 못하는 건 철수 때문이야'와 같은 비교와 집착 그리고 괴로움이 생겨납니다.

이것이 '개체의 나'라는 것이 있다고 믿을 때 일어나는 것입니다. 내가 남보다 못하면 화가 나고 남보다 더 잘하고 싶고 더 많이 갖고 싶고 남은 몰라도 나는 잘못되면 안 되고. 등등 집착이 생겨납니다. 이것이 괴로움을 낳는다는 것입니다. '나'라는 것이 생기는 순간 '너'가 생기고 분리가 생겨나는데 이것이 괴로움을 만든다는 것입니다.

'아프다'와 '내가 아프다'는 엄청난 차이를 가져옵니다. '아프다'라는 경험은 그냥 통증을 경험하는 정도에서 끝납니다. 괴로움의 레벨이 5 정도라고 해보죠. 그런데 '내가 아프다'라고 하는 순간 무슨 일이 일어날까요? '남들은 저렇게 건강한데 나는 왜 아픈가?' '왜 하필 나에게 이런 일이 일어나는가?' '설마 나에게 이런 일이 일어날 줄이야!' 괴로움의 레벨이 5에서 10, 50, 100, 그 이상까지 끌어올려집니다.

모든 탐욕과 성냄과 어리석음의 근원은 '에고와의 동일시'와

'참나와의 분리'입니다. '에고'와의 동일시에서 벗어나 '참나'와 합일된 상태를 본성, 열반, 주인공의 자리라고 하죠. 그래서 붓다의 가르침을 한 줄로 요약하면 다음과 같습니다.

'내가 아프다' 하지 말고 '아프다' 하라

저는 과거에 몸이 아프면서 마음마저 아프게 되었습니다. 그런데 당시 저의 상황을 돌이켜보면 괴로웠던 가장 큰 이유는 생각 때문이었습니다. 물론 몸의 통증이 있었지만, 그것은 죽을 만큼 아픈 것은 아니었습니다. 하지만 '왜 나한테 이런 일이 생긴 거야', '이것은 다 그때 그 사람의 잘못 때문이야.' '갑자기 이런 일이 생겨버려서 내 계획이 다 틀어져 버렸어. 나는 낙오자야' 이러한 생각들 때문에 더 괴로웠던 것입니다.

계획했던 대로 인생이 펼쳐지지 않아서 화가 나고 내 친구들과 동기들보다 뒤처지게 되어 억울하고 괴로웠던 것이지요. 깨어남이 일어나고 무아(無我, 나 없음)를 알아도 맞으면 아프고 굶으면 배고픕니다. 그러나 고통이 경감됩니다. 에고에 갇혀있을 때 같은 일을 겪고 느끼는 괴로움이 100이라면, 깨어남 이후에는 30이나 20으로 줄어든다는 말입니다. 아예 고통을 못 느끼고 감정도 없는 깡통이 되는 것은 아닙니다.

수행은
왜 하는 걸까?

많은 사람이 수행이나 깨달음에 대해서 하는 오해 중 하나는 깨달음을 얻으면 항상 환희에 찬 상태로 살아가고 24시간 지속된다는 것입니다. 그리고 그것을 얻기 위해서는 엄청난 노력을 해야만 한다는 것이죠.

저는 어릴 적부터 종교와 영성에 관심이 많아서 기독교, 불교를 비롯한 종교와 철학 서적 등에서 진리를 찾고자 갈구했었습니다. 책에서 진리를 찾으려 했지만, 그것으로 채워지지 않았습니다. 머리로는 알겠는데 체득이 안 되었던 것이었죠. 대학 시절 해외에 있을 당시에도 한국에서 온 스님에게 단전호흡과 화두 참선도 배워봤지만 만족할만한 결과를 얻지 못했습니다.

수행과 깨달음에 대한 갈증이 항상 있었습니다. 지금 생각해보면 수행이 문제가 아니라 이 수행을 왜 해야 하는지 목적을 몰라서 자주 길을 잃고 헤매고 방황했었던 것 같습니다.

그러던 중 우연히 인터넷에서 제 눈길을 확 끄는 국내 방송사의 한 다큐멘터리 프로그램을 보게 되었습니다. 국내의 모 대학의 동아리에서 수행하던 학생들 여러 명이 한꺼번에 출가한 사연이었습니다. 그것이 당시 저에게는 큰 희망의 끈으로 다가왔습니다. 당시 해외 대학에 재학 중이던 저는 '저거다' 싶어서 한국으로 교환학생 프로그램을 신청했습니다. 운 좋게 그다음 학기에 해당 국내 학교로 들어올 수 있었습니다. 순전히 그 동아리에 들어가기 위해 교환학생을 신청했던 것입니다. 한국에 들어와서도 학교 행정처에 등록 절차를 밟기도 전에 동아리 방에 먼저 갔습니다. 그곳에 가면 다 해결될 것 같았기 때문이죠.

푸른 잔디가 깔린 예쁜 캠퍼스에 드리운 여름 햇살과 풀 내음은 희망에 부푼 저를 들뜨게 했습니다. 학생들에게 물어물어 조그마한 동아리 방에 처음 들어서던 날이 기억납니다. 동아리의 선후배들은 멀리서 온 저를 반갑게 맞아주었습니다. 동아리에서는 호흡법과 염불선(부처를 마음 밖에서 구하지 않고 내 마음의 실상이 바로 부처임을 깨닫는 참선법)을 가르치고 있었습니다. '옴 마니 반메 훔'이라는 만트라를 하루에 3만 번을 암송해야 하는데 만트라만 하는 것이 아니라 호흡 수련도 같이해야 했습니다.

호흡 수련은 흉식으로 하는 호흡이었습니다. 중요한 것은 배꼽 아래로 숨을 내리지 않는 것이었습니다. 호흡을 들이키고 아랫배에 힘을 준 상태로 '옴 마니 반메 훔'을 똑같은 음정과 길이로 염송하면서 그에 맞춰서 코로 호흡을 내쉬는 수행이었습니다. 염송과 호흡을 똑같이 맞추어서 해야 했습니다. 길을 걸을 때나 밥을 먹을 때나 무엇을 하든지 그것을 놓치면 안 되었습니다. 처음에는 아랫배에 근육이 없어서 호흡을 자꾸 놓치기도 했습니다. 온종일 배에 힘을 주고 있으니까 배 근육이 땅겨서 밤에 자다가 기숙사 침대 위에서 떼굴떼굴 구르기도 했습니다.

이러한 수행을 계속하게 되면 최고조 각성 상태를 유지하게 됩니다. 그런데 이러한 호흡과 염송이 꿈꿀 때도 깊은 잠이 들어서도 끊이지 않고 이어져야 깨달음을 얻을 수 있다고 했습니다. 집중도나 각성 정도를 최고조로 높여서 일정 기간 유지할 수는 있겠지만 이런 상태로 24시간 평생을 유지할 수 있을까요? 불가능합니다. 안되는 걸 목표로 두고 고행을 하는 것이었습니다.

또한, 만트라를 놓치면 절대 안 되기 때문에 온종일 '옴 마니 반메 훔'만 외우고 다니면 옆에 뭐가 지나가는지, 누가 뭘 하는지 신경을 쓸 수가 없게 됩니다. 누가 말을 걸거나 부탁하면 짜증부터 났습니다. 그리고 하루에 삼만 번 염송이라는 힘든 목표를 정해두고 하는 것이기 때문에 목표를 달성하면 내가 해냈다는 아상이 커지는 것을 경험하기도 했습니다. 모두 나의 에고를 강화하는 방향으로 가는 것이었지요.

만약 이 수행이 24시간 평생 가능한 것이 사실이라고 해도 해낼 수 있는 사람이 몇이나 있을까요? 그리고 사람이 이런 식으로 평생 사는 것이 가능하긴 한 걸까요? 무엇보다도 이렇게 사는 사람이 행복할까요? 고시 공부를 하는 사람들도 고시를 패스하고 나면 일상적인 생활로 돌아가고 고생에 대한 대가로 그 열매를 누리면서 살 수 있다는 전제로 그 고생을 감수하면서 공부합니다. 하지만 고시에 합격한 후에도 평생을 같은 방식으로 공부하면서 살라고 하면 누가 할 수 있을까요?

이러한 수행은 집중도를 높이는 데는 도움이 되고 필요한 측면도 있습니다. 학업을 위한 집중도를 높이는 데는 많은 도움이 됩니다. 실제로 특정 과목에서는 따로 필기가 필요 없을 정도로 효과를 보기도 했습니다. 하지만 이것은 깨달음과 수행이라는 것을 저 멀리 달나라에 올려놓고 경험할 수 없는 것으로 만들어 버리는 오류를 범하게 됩니다.

수행의 목적은 깊은 잠이 들어서도 '옴 마니 반메 훔'을 염송하고 호흡을 놓치지 않는 것이 아닙니다. 하나의 대상에 집중함으로써 갖고 있던 번뇌를 계속 눌러 놓는 것으로 수행의 목적이 이루어질 수 없습니다. 수행은 생각과 나의 의식 사이에 틈을 만드는 것입니다. 그럼으로써 생각을 객관적으로 지켜보고 그것과 나를 동일시하는 오류에서 벗어나 자유를 얻기 위한 것입니다. 보통의 사람들은 생각과 감정에 완전히 동일시되어 있어서 그 틈을 만들기가 쉽지 않습니다. 그래서 호흡법이나 만트라 수련처럼 하나의 대상에 의식을 두는 연습을 함으로써 그 틈을 만드는 힘을 기르는 것입니다.

나의 의식을 호흡과 같은 내가 원하는 대상에 집중하는 연습을 하다 보면 의식이 생각이나 감정에 끌려가지 않을 힘이 생깁니다. 호흡에 집중하다가도 잡념이 들어오면 알아차리고 다시 호흡으로 돌아옵니다. 돌아오는 연습을 하다 보면 잡념에 쉽게 끌려가지 않게 되고, 잡념이 들어왔을 때 그것이 들어왔음을 알아차릴 수 있게 됩니다. 그래서 무의식적으로 생각에 붙어서 껌처럼 끌려다니던 나의 의식이 그것으로부터 떨어져 나오게 되는 것입니다.

강아지를 산책시킬 때 팔에 근육이 없으면 주인이 끌려다니지만, 주인이 근력을 키워서 힘이 강해지면 강아지에게 끌려가지 않을 수 있는 것과 같은 이치입니다. 강아지에게 끌려가지 않고 내가 원하는 곳으로 자유롭게 강아지를 리드해서 산책할 힘이 있으면 괜찮습니다. 산책도 못 하고 근육을 기르기만 하는 것이 원래 목적이 아닌 것처럼, 생각 자체가 떠오르지 못하도록 온종일 만트라를 암송해서 그것을 눌러두는 것은 수행의 본질이 아닙니다.

하나의 대상에 집중하는 수행을 하다 보면 우리는 마음이 고요해지고, 생각과 감정이 없는 순수한 의식의 상태를 경험하기도 합니다. 생각이나 감정과 같은 그 어떤 것과도 동일시되지 않은 상태이기 때문에 '순수하다'라고 말합니다. 이 상태를 선정 또는 삼매라고 합니다. 이러한 순수한 의식의 상태를 경험하면 에고에서 벗어난 나의 본래의 상태를 알게 됩니다. 본래의 나에 대한 진실을 알게 되면 에고에 속지 않을 수 있는 지혜가 생기게 되지요.

그렇다고 계속 앉아서 선정에만 들어 있는 것이 우리가 이 세상을 사는 목적은 아닐 것입니다. 선정 상태에 들기 위해서 집중을 계발하는 과정 자체가 더 큰 공부입니다. 집중을 계발해서 알아차림의 힘이 더 강해지고, 그 과정에서 마음이 고요해지고 정화되는 것이 더 중요합니다. 선정의 경험을 통해 나의 본성을 알게 되는 것이면 충분합니다. 그 상태를 24시간 유지해야 한다는 것은 불가능하고 그럴 필요도 없습니다.

수행의 목적은 생각을 떠오르지 못하게 눌러 놓는 것도 아니고 선정 상태에만 머무는 것도 아닙니다. 수행을 통해 생각으로부터 독립하는 것입니다. 그로 인한 지혜를 얻는 것입니다.
수행 자체도 중요하지만, 그 목표를 분명히 알아야 지엽적인 것
에 치우쳐 목적을 잃고 길을 헤매지 않을 수 있습니다.

내 앞에 놓인 모든 일을

개인적인 결과에 연연하지 말고,

가슴과 영혼을 다해 최선을 다한다.

우주가 직접 나에게 준 일이라고 생각하면서 한다.

마이클 싱어

자주 묻는 질문 1

명상은 원래 지루한가요?

명상은 왜 어려울까요? 명상할 때 계속 떠오르는 잡념 때문에 명상을 한 것인지 오히려 잡념만 실컷 한 것인지 모르겠다고 하시기도 합니다. 명상을 접하는 대부분의 사람들이 겪는 과정인 것 같습니다.

잡념에 계속 끌려다니는 이유는 사람들이 고요한 상태에 익숙하지 않기 때문입니다. 우리는 깨어 있는 동안 온종일 '생각'에 의식을 두고 삽니다. 잠시 의식이 몸이나 다른 대상에 옮겨가기도 하지만 대부분은 '생각'에 가 있습니다. 클립이 자석에 가서 붙듯이 자연스럽게 가서 붙어있는 것입니다. 몸이 아플 때는 몸을 크게 의식하지만 건강할 때는 몸이 있는 것도 잘 느끼지 못하는 것과 비슷합니다. 머릿속의 '생각', '지껄임'에 계속 의식을 두고 삽니다. 그 생각을 계속 듣고 사는 것이지요. 그래서 이것이 익숙합니다. 생각을 듣는 것, 머릿속의 지껄임을 끊임없이 듣는 것에 중독되어 있다고 할 수도 있겠습니다.

명상은 평소에 생각에만 붙어있던 나의 의식을, 생각이 아닌 다른 대상에 옮겨서 생각과 의식을 떼어 놓는 연습을 하는 것입니다. 오만가지 번뇌를 따라다니던 의식을 생각이 아닌 하나의 대상에만 머물게 함으로써 나의 상태가 고요해지는 것입니다. 생각이 지껄이는 오만가지 소리를 듣지 않기 때문에 고요해지는 것이지요. 끊임없이 여러 가지 소리가 나오는 라디오를 온종일 듣고 있다가 그것이 꺼졌을 때의 고요함을 상상해 보시면 될 것 같습니다. 그런데 문제는 우리가 이러한 고요함에 익숙하지 않기 때문에 다시 금방 거기에서 나온다는 것입니다.

어떻게 보면 우리가 이 '고요함'의 상태를 지루해한다고 볼 수도 있습니다. 우리는 계속해서 새롭고 자극적이고 변화하는 것에 익숙하기 때문에 변화가 거의 없고 반복적이며 지루한 것에 의식을 계속 집중하는 것을 어려워하는 것입니다. 명상할 때 가만히 자신의 상태를 살펴보세요. 내가 '고요함의 상태'에 금방 지루해함을 알 수 있습니다. 그래서 쉽게 다른 '흥미로운 생각'에 낚이게 되는 것입니다.

고양이들 장난감 중에 쥐 모양의 털 인형이 달린 막대기가 있습니다. 그 막대기를 고양이 앞에 흔들면 여지없이 고양이는 그 쥐 인형에 유혹돼서 그 인형을 따라오게 됩니다. 마찬가지로 사람들은 흥미로운 생각이 떠오르면 여지없이 그것을 따라가게 되는 것입니다.

그렇다면 고요함의 상태를 지루해하지 않으려면 어떻게 하면 될까요? 고요함이 주는 즐거움을 맛보면 조금씩 달라집니다.

처음에는 명상이 지루하고, 앉아 있으면 여기저기 쑤시기도 하지만 점차 고요함이 주는 즐거움을 경험하게 되면 고요함을 좋아하게 됩니다. 항상 시끄러운 라디오 소리를 듣고 살다가 처음으로 그것이 꺼졌을 때의 고요함과 맑은 정신을 경험하면 그것을 좋아하게 되고 점차 그 상태에 있는 것을 힘들어하지 않게 됩니다.

명상에 들어갈 때 자신의 마음 상태를 한번 자세히 살펴보세요. 처음에 앉아서 눈을 감고 나의 마음 상태를 살펴보면 살짝 들떠 있음을 알 수 있습니다. 그리고 명상에 집중하기 시작하면 그 들뜬 마음의 상태가 계속해서 들뜬 상태로 계속 있으려는 경향이 있음도 알아차릴 수 있습니다. 고요함으로 바뀌기 싫어하는 단계입니다. 그런데 그 단계를 지나고 나면 마음이 고요해지면서 평온함이 찾아오고 기분 좋은 느낌이 들기 시작합니다. 처음 그 단계를 넘어가는 것은 어렵지만 그것을 지나면 고요함을 만나게 됩니다.

고요함이 주는 기분 좋음이 있음을 경험을 통해서 알면 그것을 좋아하게 되고 고요함의 상태를 즐길 수 있게 됩니다. 그 상태를 좋아하게 되고 이것에 익숙하게 되면 그때부터 명상이 쉬워지기 시작합니다. 처음부터 익숙해질 수는 없습니다. 우리가 처음 걸음마를 배울 때는 네발로 기어 다니는 것이 익숙해서 걷는 것이 힘들지만 차츰 두 발로 걷는 것이 익숙해지고 그것이 편안해지기 시작하는 것과 마찬가지입니다. 명상은 다른 말로 하면 고요함에 가까이 다가가는 연습입니다.

2장

내려놓음과 내맡김

붓다는 무엇을 깨닫고
어떻게 얻었을까?

붓다는 어떻게 깨달음을 얻었을까요? 그냥 막연히 아는 게 아니라 정확히 무엇을 어떻게 깨달은 것인지 궁금하지 않으신 가요? 보통 '붓다는 싯다르타 태자 시절 출가해서 여러 수행과 고행을 하다가 마지막에는 고행을 포기하고 우유죽을 먹은 후 홀로 명상하는 중에 샛별을 보고 깨쳤다'라고 알고 있습니다. 그냥 이렇게 상황을 서술해 놓고 보면 대체 뭐가 뭔지 잘 알 수가 없습니다. 그래서 잠시 붓다의 깨달음에 관해서 이야기해 보려고 합니다.

저에게 의식의 변화가 일어난 뒤에 여러 스승에 대해 궁금해졌습니다. '나의 경험은 이러했는데 다른 분들은 어땠을까?'

하며 알고 싶어진 것이지요. 그래서 몇몇 분들의 삶의 과정에 대한 자료를 찾아보기도 하고 새롭게 얻은 시각으로 그분들의 삶을 살펴보기도 했습니다. 그중에서 붓다의 깨달음의 과정에 관해서도 관심 있게 보게 되었고 그 내용을 여러분과 함께 공유해 보려고 합니다.

불교에는 수많은 경전과 논서가 있지만 그런 것을 다 떠나서 붓다가 실제 어떻게 공부했는지에 대한 기록과 깨달음의 순간에 말씀하신 내용만을 가지고 제가 이해하는 바를 말씀드리려고 합니다. 영화의 주인공을 따라가 보듯이 고타마 싯다르타라는 주인공의 여정을 상상으로 따라가면서 재미있게 들어주시면 좋겠습니다.

붓다 당시에는 사문이라는 수행자 집단이 있었습니다. 지금의 인도와 네팔 지역에 해당하는 당시의 지역에는 대부분의 사람들이 제사를 지내는 브라만교를 믿고 있었습니다. 그런데 이런 브라만교를 따르지 않고 출가해서 수행을 통해서 깨달음을 얻겠다는 사람들이 있었는데 이들을 사문이라고 불렀습니다.

당시 사문들 사이에서는 크게 두 가지 수행법이 유행하였습니다. 하나는 앞에서 언급한 선정을 닦는 수행이었고 또 하나는 고행이었습니다. 붓다도 출가 후 사문이 된 것입니다. 그리고 가장 먼저 선정을 계발하는 수행을 하게 됩니다. 당시 선정 수행에 높은 경지에 있었던 '알라라 칼라마'와 '웃다카 라마풋타'

라는 스승에게 가서 선정을 닦는 것을 배웁니다. 그리고 선정의 최고의 경지를 이루게 됩니다.

마침내 선정의 가장 높은 경지에 오른 고타마 싯다르타에게 두 스승은 자신들의 교단에 남아 함께 제자들을 지도해 달라고 요청했지만, 싯다르타는 그들의 제안을 거절하고 그들 곁을 떠납니다. 왜냐하면, 이 경지가 수행의 끝이 아니라고 생각을 했기 때문이었습니다. 경전에 보면 선정에 들었을 때는 번민과 괴로움이 사라지지만 선정에서 나오면 여전히 욕심과 어리석음의 존재 그 자체로 돌아간다는 붓다의 솔직하고 고뇌에 찬 고백을 찾아볼 수 있습니다. 그러니까 선정에 깊이 들어가면 생각, 감정 오감이 지배하지 못하는 상태로 들어가서 소위 참나 상태로 머물 수 있습니다. 하지만 거기서 나오면 다시 탐욕과 성냄과 어리석음이 있는 에고로 돌아온다는 것이지요.

우리도 마찬가지로 수행하면서 이것을 경험합니다. 수행 중에 짧게라도 선정에 들어가면 생각이 없고 나의 몸 마음이 느껴지지 않는 그런 상태를 경험하게 됩니다. 그러면 그 순간은 완전히 모든 것에서 다 벗어난 초월함과 평온함을 느끼게 됩니다. 그런데 문제는 거기서 나오면 여전히 욕심과 어리석음이 있는 존재, 즉 에고로 돌아온다는 사실입니다. 그렇다고 사람이 온종일 선정에만 들어있을 수는 없기에 붓다는 '이것이 다가 아니구나'하고 깨닫고 떠나게 된 것입니다.

그다음으로 당시 대부분의 수행자가 하고 있었던 고행을 시작합니다. 6년 넘게 극심한 고행을 지속했습니다. 숨을 극도로 참거나 굶거나 먹더라도 하루에 깨 한 톨과 쌀 한 톨만 먹는 고행이었습니다. 씻지도 않으면서 말이죠. 초기 경전인 『맛지마니까야』에서는 그 당시 붓다의 상태를 이렇게 표현했습니다.

"뱃가죽을 만지려고 하면 등뼈가 잡혔고, 등뼈를 만져야지 하면 뱃가죽이 잡혔다... 대변이나 소변을 보려고 하면 머리가 땅에 꼬꾸라졌다. 손으로 사지를 문지르면 뿌리가 썩은 털들이 몸에서 우수수 떨어져 나갔다." 하면서 '아마 나처럼 철저하게 지독하게 고행한 사람은 없었을 것이다'라고 말했습니다.

붓다가 6년 넘게 고행한 걸 보면 체력과 정신력이 대단한 분이었을 것입니다. 당시 출가 사문뿐 아니라 인도 사람들은 고행으로 욕망을 억제하고 정신력의 향상을 가져올 수 있다고 믿었습니다. 그리고 고행을 통해서 신비하고 초인간적인 힘을 가진다고 여겼습니다. 신과 같은 초월적인 존재인 초인이 될 수 있을 거라고 믿었고 그게 깨달음이라고 생각한 것이지요.

지금도 그렇게 생각하는 사람이 많습니다. 깨달음을 얻으면 아무런 생각이나 감정도 일어나지 않고, 모든 것을 통달하고 신통을 가진 초능력자가 된다고 생각하는 것이지요. 그 당시 사람들도 그렇게 생각했습니다. 몸을 학대하는 극심한 고행을 하면 욕망이 소멸할 것이라고 믿었습니다. 그래서 배가 고파도 먹지 않고 더위와 추위를 견디는 수행을 했습니다. 어느 순간 배고픔이나 추위를 느끼지 않는, 욕망이 사라진 존재가 될 수 있다고 생각했던 것입니다. 붓다도 그렇게 하면 깨달음을 얻을 수 있을지도 모른다고 생각하고 고행에 몰두한 것입니다.

그런데 극한의 고행을 6년을 하고 포기합니다. 붓다는 왜 고행을 버렸던 것일까요? 답은 아주 간단합니다. 너무 괴로웠기 때문입니다. 고행을 통해서 초인간적인 존재가 되려고 했지만 아무리 고행해도 욕망은 제거되지 않는다는 것을 알게 된 것입니다. 아무리 굶어도 여전히 배가 고프고, 몸을 극한으로 몰아칠수록 더 아프기만 하다는 것을 확인하면서 괴로워서 못 할 정도가 된 것이지요. 욕망에서 벗어나기는커녕 더 하다가는 죽는 것밖에는 남지 않았다는 것을 알게 된 것입니다. '이 길이 아니구나. 이 길은 고통스럽기만 할 뿐이구나'. 그래서 내려놓은 것입니다.

붓다는 세속적인 욕망과 쾌락에 대한 집착은 진작 버렸습니다. 왕자의 지위와 부와 명예, 가족에 대한 집착까지 다 버렸으니까요. 일반 사람들에게는 세속적인 욕망을 버리는 것 자체가 쉽지 않습니다. 이러한 욕망에 집착하는 사람들이 훨씬 많지요.

하지만 세속적 욕망이 아니라 '깨달음에 대한 집착'도 있습니다. '깨달음을 얻어야겠다' '내가 깨달음을 성취해야겠다' '에고를 완전히 없애야겠다'라는 또 다른 집착이 있었기 때문에 고행으로 깨달음을 얻을 수가 없었던 것입니다.

그러면 붓다는 어떻게 깨달음을 얻은 걸까요? 고행을 '내려놓음'으로써 깨달음을 얻었습니다. 그것을 내려놓기까지 6년이 걸렸습니다. 말은 쉬운 것 같지만 내려놓기가 쉽지 않았던 것이지요. '깨달음을 꼭 얻어야겠다.' '욕망을 완전히 제거해야겠다'라는 집착을 제외하고는 다 버렸지만, 마지막 집착을 내려놓았을 때야 비로소 깨달음의 길로 들어선 것입니다. '내가 이루겠다.' '에고를 제거하겠다'라는 집착을 내려놓으니까 에고가 뒤로 물러나고 근본 성품인 참나가 드러난 것입니다. 의식의 상태가 완전히 바뀌게 된 것이지요. 붓다가 고행을 버린 순간, 집착을 내려놓았으며 깨달음을 이루었습니다. 깨달음을 얻기 위해서는 누구나 이 과정을 거치게 됩니다.

여기에서 한 가지 놓치지 말고 보아야 할 부분은 깨달음을 얻은 그때 분명히 의식의 변화와 함께 평온과 기쁨, 행복을 느꼈다는 사실입니다. 그 둘은 세트라서 꼭 함께 다닙니다. 참나 상태에 들어갔으니 본래의 성품인 평온과 만족감, 행복감을 느꼈을 것입니다. 붓다가 고행을 포기하고 어린 시절 농경제 때의 기억을 돌이킨 부분이 중요한 포인트입니다. 어렸을 때 아버지와 함께 참여했던 농경제에서 잠시 선정에 들었던 적이 있는데 그때 느꼈던 행복감에 대한 기억이 떠올랐습니다.

왜 갑자기 그것이 기억이 났을까요? 붓다가 깨달은 순간에 본성의 상태인 순수한 행복감과 만족감을 경험하게 되었기 때문입니다. '이 느낌이 처음이 아니라 언젠가 느껴봤던 것'이라는 사실을 기억한 것이죠. '이걸 내가 언제 느껴봤더라? 이거 예전에 경험했던 것인데' 했을 때 농경제 때의 기억이 떠올랐던 거예요.

그 기억은 붓다가 어린 시절 자신의 아버지인 정반왕과 함께 농경제에 참석했을 때 일이었습니다. 파종하는 축제인 농경제에 아버지를 따라갔던 어린 싯다르타 태자는 유모들이 잠시 축제에 정신이 팔린 사이 혼자 남게 됩니다. 그는 혼자 나무 그늘에 앉아서 명상에 들었는데 그때 선정을 통한 '행복'을 체험하게 됩니다. 태자로서 많은 교육을 받았으며 그중에 명상법도 있었을 것입니다. 과거 농경제에서 경험한 고요함과 행복감은 그 이후 고행을 포기하고 시작한 명상에서 느낀 체험과 유사했습니다.

그러면 고행하면서 했던 명상으로는 왜 깨달음을 얻을 수 없었을까요? 농경제 당시 어린 싯다르타 왕자에게는 세속적인 집착뿐 아니라 '깨달음을 얻어야겠다'라는 집착도 없었습니다. 어떤 바람이 없는 '지금의 만족함' 자체였던 것이지요. 하지만 고행하면서 했던 명상은 '깨달음'에 대한 집착이 남아 있는 것이었습니다. 그런데 그것을 내려놓으니까 어린 시절 농경제 때 경험했던 '순수한 행복'의 상태가 된 것입니다. 그리고 붓다는 이것이 깨달음이라고 알게 됩니다. 초인간적인 존재가 되는 것이 아니고 집착을 떠난 것이 곧 행복이며 깨달음이라고 알게 된 것입니다.

이러한 '행복' 즉 쾌락과는 다른 집착에서 벗어난 '순수한 행복'이 깨달음이라는 것을 알게 된 것입니다. 붓다는 집착을 버림으로써, 즉 내려놓음으로써 깨달음을 얻었습니다. 깨달음을 얻었다는 것은 단순히 어떤 새로운 앎을 더 가진 것이 아니고 의식의 상태 자체가 변화된 것입니다. 의식의 변성이 일어난 것입니다. '참나의식'으로의 전환이 일어난 것이지요. 그것은 어떤 것에도 집착하지 않는 초월의 의식 상태를 말합니다.

붓다가 깨달음을 얻은 방법은 '내려놓음'이었습니다. '내려놓음'은 괴로움에서 벗어나서 최상의 행복에 이르는 비결입니다.

'괜찮아'하고 받아들이세요

회사에서 회의할 때마다 가슴이 두근거리고 두려움에 휩싸여서 회의가 너무 싫고 도망치고 싶다는 분이 있었습니다. '회의가 너무 싫다'라는 표면적인 감정을 자세히 들여다보니 '회의에서 실수하면 안 된다.' '상사에게 지적받기 싫다'라는 마음이 있는 것을 알았습니다. 어떻게 하면 이 괴로움에서 벗어날 수 있을까요?

'회의에서 실수해도 괜찮다' '지적받아도 괜찮다' '가슴이 두근거리고 두려움이 느껴져도 괜찮다'라고 여기면 됩니다. '가슴이 두근거리고 두려움이 느껴지면 안 돼, 싫어'라는 생각을 내려놓는 겁니다. 그것을 뒤집어서 '가슴이 두근거리고 두려움이 느껴져도 괜찮아, 힘들겠지만 조금 지나면 또 사라질 거야'라고 말해주는 것입니다. 그 두근거림이나 두려움은 계속 거기에 있지 않습니다. 시간이 지나면 사라집니다. 잠깐의 순간도 그런 감정을 느끼는 것이 싫다는 마음만 내려놓으면 됩니다. '지금 잠깐 좀 힘들어도 괜찮아'라고 하는 거죠.

제가 중학교 때 숙제를 못 해가서 걱정하고 있으면 옆에서 '야, 괜찮아 잠깐 몸으로 때우면 돼'라고 하는 쿨한 친구가 있었습니다. 그렇게 하는 거예요. 그러면 에고가 조용해지고 힘도 약해집니다. 두근거림과 두려움의 에너지가 약해지고 강도가 줄어듭니다. 반면에 반발할수록 그 강도는 세어집니다.

어째서 그럴까요? '가슴이 두근거리고 두려움이 느껴지면 안 돼'라고 하는 것은 현실을 부정하는 것입니다. 지금 나의 현실을 온몸으로 부정하고 있는 것이지요. '내가 마음으로 현실을 부정하면 현실이 바뀌지 않을까' 하는 무의식과 무지 때문입니다. 나도 부모님도 조상들도 인류도 모두 그런 방식으로 살아왔습니다. 현존에서 벗어나서 현실과는 다른 자신이 만들어 놓은 머릿속 가상의 세계로 도망가려고 합니다. 그 순간 현존에서 벗어나고 괴로움이 시작됩니다.

에고와 같은 편이 되어 현실과 다투고 있으면 나는 링 위에서 계속 펀치를 맞고 있는 셈이 됩니다. 세상에서도 성공하려면 줄을 잘 서야 한다는 말이 있지요. 우리는 에고가 아니라 현실한테 줄을 서야 합니다. 현실 즉 삶과 한편을 먹어야 삶이 나를 도울 수가 있습니다. 내가 삶으로부터 떨어져 나가서 가상의 세계인 머릿속의 세상으로 자꾸 달아나려고 하면 삶이 나를 도울 수가 없습니다. 몸이 아플 때도 마찬가지입니다. 몸에 통증이 있는데 '통증이 있으면 안 돼'라는 마음이 있으면 통증이 생기기도 전에 통증이 있을까 봐 항상 불안하고 전전긍긍할 수밖에 없습니다. 통증이 있을 때 '통증이 있어도 괜찮아' '아파도 괜찮아' 하고 확 현실을 끌어안아 버리세요. 온전히 받아들이는 겁니다.

경험이 없는 분들은 이해하기 어려울 수 있지만, 현재 이 상황을 겪고 있는 분이라면 무슨 말인지 이해하실 것입니다. 내가 그것을 확 받아들이고 끌어안는 순간 나는 평온해집니다. 두려움에서 벗어나고 통증도 줄어듭니다. 에고가 조용해지고, 생각이 사라졌을 때 그곳에 있는 평온함을 알아 차려보세요. '통증이 있으면 안 돼'라는 생각이 사라졌을 때 나는 어떤가요? 그 순간 나는 괜찮을 수 있습니다. 자신이 괜찮다는 것을 아는 내면의 마음자리를 찾을 수 있나요? 그 자리를 꼭 기억해 두세요. 삶과 같은 편에 서는 연습을 계속해야 합니다.

현실이 어떤 모습이든 그것과 분리되지 않고 하나가 되는 연습을 해야 합니다. 그러면 삶이 나를 도와주기 시작하고 나는 삶이라는 순풍에 돛을 달고 항해를 시작할 수 있습니다.

그렇다고 아무것도 하지 말라는 것이 아닙니다. 지금 내 앞에 있는 현실, 바꿀 수 없는 현실을 마음으로 인정하고 받아들이라는 것이지요. 에고가 조용해지면 삶의 지혜와 인도를 받을 수가 있습니다. 에고가 시끄러우면 지혜의 소리를 들을 수가 없지요. 에고가 조용해지고 내가 삶의 편에 섰을 때 그 자리에서 내가 할 수 있는 최선의 것을 결정하고 행동하면 됩니다.

에고는 틈만 나면 나를 낚으려고 할 것입니다. '너는 회의에서 또 실수할 거고 사람들은 너를 비난할 거야' '너는 계속 통증을 겪게 될 거고 병은 재발할 거야'라고 속삭여서 삶에 편에 있는 나를 끌어내려고 안간힘을 쓸 것입니다.

그때 나에게는 '괜찮아'라는 무기가 있습니다. '그래도 괜찮아' '네 말대로 상황이 나빠져도 괜찮아, 하지만 그건 생각일 뿐이고 사실은 아니니 믿지는 않을래'라고 하면 됩니다. 현실이 아무리 내 마음에 들지 않아도 그것을 마음속으로 받아들이는 것. 그래서 에고가 아니라 삶과 같은 편이 되는 것. 그리고 삶의 도움을 받는 것이 받아들임이고 내맡김입니다.

내맡기고 내려놓는 것은
체념이 아닙니다

　사람들에게 '집착을 내려놓고 좋고 싫음을 내려놓으세요, 내맡기세요'라고 하면, '그건 체념 아닌가요?'라는 반문을 하기도 합니다. 체념은 '될 대로 돼라'이고 내맡김은 '나보다 더 지혜로운 삶에게 맡길 때 모든 것이 더 나을 것'이라는 믿음과 희망입니다. 체념은 '어차피 안되는 거 뭐' '난 틀렸어'라는 포기입니다. 내맡김은 삶이 나를 더 잘 이끌 것이라는 '신뢰'입니다.

　내려놓음이 힘든 첫 번째 이유는 우리가 현실을 존중하지 않기 때문입니다. 내 마음에 들지 않는 현실이 눈앞에 펼쳐질 때 마음은 계속 불편하고 짜증이 납니다. 눈 앞에 있는 현실을 보고 싶지 않고 그것이 빨리 지나가거나 없어지기를 바라면서 빨리 그것이 내가 원하는 모습으로 바뀌기만을 바라는 것이지요. 이 것은 스스로 고통 속으로 뚜벅뚜벅 걸어 들어가는 것입니다.

우리가 지금 받아들이기 싫어하는 눈앞에 현실들, '이것만 빨리 해결됐으면' '이것만 없어졌으면' '저 사람만 안 봤으면'하는 것들을 먼저 존중해 보세요. 내가 마음속으로 밀어내고 있는 것들을 부정하는 것을 멈추고 있는 그대로 받아들이는 것입니다. 그것들은 삶이 내게 준 것들입니다. 우리가 믿는 하나님, 부처님, 참나가 지금, 이 순간에 나에게 보내 준 것들입니다.

내 눈앞에 현실을 먼저 겸허하게 받아들이면 좋겠습니다. 내가 좋아하든 싫어하든 그 현실이 지금 이 자리에 있는 것은 그것이 가진 권리입니다. 그것들의 존재를 인정하고 그것들이 있어야 할 만큼 있도록 내 마음에서 허용할 때 우리는 현실과의 다툼을 멈추게 됩니다. 그러면 조용히 평화가 찾아옵니다.

'나는 몸이 아파서 괴롭다' '직장이 없어서 괴롭다'라는 자리에서 '몸이 아파도 괜찮다' '직장이 없어도 괜찮다'라는 자리로 옮겨가는 것입니다. 그러면 에고가 더 이상 할 말을 잃게 됩니다. 몸이 아파도 직장이 없어도 실연당해도 괜찮다는데 에고가 더 무슨 말을 할 수 있을까요? 에고가 조용해지면 나는 평온을 되찾게 됩니다. 통증은 있지만, 괴로움은 사라집니다.

**'지금 이 순간'을 있는 그대로 마음으로 받아들이세요. 그것
에 대한 나의 판단을 내려놓는 것입니다. 옳고 그름과 좋고 싫
음을 내려놓는 거예요. 삶을 존중하는 것이지요. 그것이 고통에
서 벗어나는 길입니다.**

내려놓아야 한다는 것을 알면서도 실행하려면 쉽지는 않습
니다. 내가 좋아하는 것에 대한 집착과 어떤 대상에 대한 호불
호를 버린다는 것이 쉽지는 않지요.

좋고 싫음을 내려놓지 못하고 집착하는 또 하나의 이유는 에
고로서의 내가 다 안다고 하는 착각 때문입니다. 에고라는 녀석
은 자기가 모든 것을 안다고 믿고 있습니다. 무엇이 좋고 나쁜
것인지 자신이 다 알고 있으며 자신의 판단이 항상 옳다는 착각
속에 빠진 것이지요. 사실은 아무것도 모르면서 말입니다.

우리가 지금까지 살아온 삶을 살펴봐도 내가 좋은 일이라고
생각했던 것이 항상 그런 것은 아니었고 또 나쁜 일이라고 생각
했던 것이 오히려 다행이었을 때도 있었다는 것을 알 수 있습니
다. '새옹지마'의 이야기에서 노인의 아들이 말을 타다 다리가
부러졌을 때 마을 사람들은 호들갑을 떨고 노인을 안쓰럽게 여
겼지만, 오랑캐가 쳐들어와 징집령이 내려져 노인의 아들은 징
집에서 제외되어 목숨을 구할 수 있었던 것처럼 말이에요. 우리
는 모릅니다. 이 이야기 속에 나오는 마을 사람들은 우리들의

'에고'와 같습니다. 자신들이 모든 것을 알고 자신들의 생각이 옳다고 여기고 좋고 싫음을 판단하지만, 사실은 그것이 맞지 않을 수 있다는 것이지요.

그래서 실제로는 '모릅니다'가 맞는 것입니다. 생각이 시끄럽게 떠들어 댈 때, 생각에게 물어보세요. '네가 진짜 아니? 네가 맞다고 확신해? 너는 몰라. 잘 틀리잖아. 그렇지 않니?'라고요. 현실에 대한 거부와 '좋고 싫음'을 내려놓은 후에는 내맡김이 있어야 포기와 달라집니다. 내려놓음 후에 우리의 마음은 다시 금방 불안해집니다. 판단하지 말고 현실을 존중하자고 했지만 찜찜함이 남습니다. '내가 내려놓으면, 내 인생은 어떻게 되지? 잘못되는 게 아닐까?' 하는 불안감이 올라옵니다.

그래서 내맡김이 필요한 것입니다. 내맡김은 삶을 온전히 신뢰하는 것입니다. 삶이라고 불러도 좋고 종교가 있는 분들은 하나님 또는 부처님이라고 해도 좋습니다. 우주라고 해도 좋고 참나라고 해도 괜찮습니다. 삶이라고 하면 어떤 추상적인 관념이라고 생각할 수도 있는데, 삶은 살아 있는 에너지이고 이 우주 전체를 움직이는 보이지 않는 손입니다.

봄이 되면 어김없이 새싹이 나고 아침이면 해가 떠오르듯이 이 우주 전체는, 보이지 않지만 완전한 지혜와 전능한 힘으로 굴러가고 있습니다. 모든 것의 근원이며 살아 있는 지혜와 에너지인 삶에게 모든 것을 맡기는 것입니다. 삶이 다스리는 현실이기에 거기에 맞서지 않겠다고, 뜻대로 따르겠다고 고백하고 내 삶의 주도권을 내주는 것입니다. 내맡김으로 나는 삶이 주는 지혜를 얻을 수 있고 그의 안내를 받을 수 있게 됩니다.

내려놓고 내맡길 때 에고는 조용해집니다. 존재로서 고요하기 시작하면 삶이 나를 어디로 인도하는지를 더 잘 알 수 있습니다. 귀로 무슨 소리가 들려서 아는 것이 아니라 지혜가 생겨나고 모든 것이 삶이 원하는 방향으로 자연스럽게 흘러가는 것을 경험하게 된다는 것입니다. 내가 할 일은 내려놓고 내맡기는 것입니다.

그러면 삶이 나를 인도하기 시작합니다. 그때부터 나는 쉴수 있습니다. 바람과 파도를 거슬러서 가는 배는 힘듭니다. 매번 좌초의 두려움에 휩싸이게 되지요. 하지만 삶이라는 베테랑 선장에게 내 배의 키를 맡기고 나면 나는 두려움에서 벗어나서 편안함 속에서 항해를 즐길 수 있게 됩니다.

처음에 내맡김을 시작할 때 어려운 것은 삶에 대한 신뢰가 아주 작기 때문입니다. 하지만 살아가면서 크고 작은 파도를 만날 때마다 내려놓고 내맡기는 연습을 하면 점점 그것이 쉬워집니다. 해 보니까 되고 그것이 훨씬 현명한 방법이라는 것을 체득하게 되기 때문이지요. 우리가 처음 보는 친구를 신뢰하는 것은 어렵지만 오랫동안 교제하다 보면 그 친구에 대한 신뢰가 점점 쌓이고 깊어지는 것과 같습니다. 처음에는 용기를 내어서 시도해 보아야 합니다.

제가 예상치 못한 감당하기 힘든 문제에 부딪혔을 때 내가 다 안다고 생각하고 내 인생은 이제 끝났고 희망이 없다고 판단했습니다. 그리고 고통에서 허우적거리면서 익사하기 직전까지 갔습니다. 그때 나를 건져낸 것은 삶이었습니다. 삶은 내 생각과 달리, 내 인생이 절망적이거나 끝났다고 생각하지 않았고 오히려 나를 위한 귀중한 선물을 준비하고 있었습니다. 그때 비로소 '내가 혼자가 아니구나.'라는 것과 '내가 하는 것보다 삶이 하도록 두는 것이 훨씬 낫다'라는 것을 알게 되었습니다.

그다음부터는 모든 것을 삶에게 맡기기 시작했습니다. 에고가 여전히 시끄럽게 떠들 때가 있지만 그것은 철없는 에고의 생각일 뿐이고 나는 그 무엇보다 지혜롭고 자비로운 삶에게 나를 맡깁니다. 그러면 마음에 평화가 찾아오고 두려움이나 걱정 근심에서 벗어나게 됩니다. 걱정이나 근심에서 벗어날 뿐만 아니라 내가 하는 것보다 삶이 하는 것이 훨씬 좋은 결과를 가져온다는 것을 여러 경험을 통해 알게 되었습니다. 받아들임과 내려놓음은 내맡김이 있을 때 완성됩니다.

참나란 진짜 무엇일까?
(feat. 인터스텔라)

'참나에게 모든 것을 내려놓고 내맡기세요'라고 하면 '참나가 뭔지 모르겠어요. 잘 모르는 존재에게 어떻게 내맡길 수 있나요?'라는 질문을 받기도 합니다.

'참나'란 우주 전체이고 본성이며 내가 나온 곳이고 내가 돌아갈 곳인 '본래의 나'입니다. 우리는 이것을 '삶'이나 '존재'라고 하거나 '신'이라고 합니다. 핵심은 '참나'라는 말에서도 알 수 있듯이 참나는 '나'라는 것입니다. 어떤 외부적인 제3의 존재가 아니라 바로 '나 자신'이라는 것입니다. '진짜 나'인 것이죠

'나'라고 하면 가장 먼저 떠오르는 것이 몸과 마음입니다. 우

리는 대부분 이 몸과 마음을 '나'로 알고 살아가기 때문이지요. 그래서 참나가 실제 나 자신이라고 하면 실망합니다. '참나가 나라고? 이런 부족하고 엉망인 '나'를 어떻게 믿으라는 거야?' 하면서 신뢰하지 못하는 것이지요. 그러니 그 참나에게 내려놓고 내맡기는 것이 불안하고 잘 안되는 것입니다. 종교가 있는 분들은 참나를 하느님이나 성령님 또는 부처님으로 이해하라고 하면 상대적으로 쉽게 받아들입니다. 하느님과 부처님께는 내맡길 수 있다고 믿기 때문이죠. 그러나 그렇지 않은 분들은 이것이 잘 와 닿지 않고 받아들이기가 어려울 수도 있습니다. 그래서 조금 다른 시각에서 참나를 설명해 보려 합니다.

과학이 발달하면서 과거에 소수의 깨어난 사람들이 했던 말이 이제는 과학으로 증명이 되고 있습니다. 과거 종교나 철학, 영성에 속해 있던 가르침이 지금에 와서는 과학의 영역에서 이야기되고 확인되는 것이지요. 예를 들면 '색즉시공 공즉시색(色卽是空 空卽是色)'입니다. 유명한 불교 경전인 반야심경에 나오는 말입니다. '물질이 공이요 공이 곧 물질이다.'라는 것이지요.

물질을 이루는 가장 작은 단위는 원자입니다. 그리고 원자는 원자핵과 그 주위를 도는 전자로 이루어져 있죠. 그런데 우리가 잘 알듯이 원자핵과 전자의 사이는 99% 이상 텅 비어 있습니다. 텅 비어 있지만 그렇다고 해서 아무것도 없는 것이 아니라 무엇이든 될 가능성을 가지고 있습니다. 그것을 우리는 에너지라고 부릅니다.

이렇듯 과거에 소수의 깨어난 사람들이 '공'이라고 하거나 '물질은 있는 것도 아니고 없는 것도 아니다'라고 했던 아리송한 말들이 오늘날 과학에서 양자물리학이나 홀로그램 또는 다중 우주 이론 등의 과학적 언어로 이야기되고 있습니다. 물론 아직 완벽하게 증명된 것은 아니지만요.

그리고 이러한 과학 이론들이 영화에서 소개되면서 일반인들이 좀 더 쉽게 이해할 수 있게 되었습니다. 그중 하나가 크리스토퍼 놀란 감독의 〈인터스텔라〉입니다. 크리스토퍼 놀란 감독은 〈인셉션〉에서 〈테넷〉에 이르기까지 과학적 이론에 상상을 더해서 영화를 만들고 있는 유명한 감독입니다. 물리학 논문까지 썼다고 하니 과학자인지 감독인지 헷갈릴 정도입니다. 〈인터스텔라〉는 놀란 감독의 영화 중에서도 큰 인기를 얻었던 영화입니다.

영화의 내용은 대략 이러합니다. 영화 속에서 지구는 자연재해가 심해져서 식량 부족 상황에 처하게 되고 심한 황사로 인해 더 이상 사람이 정상적인 생활을 할 수 없는 곳으로 변하게 됩니다. 그래서 인류를 구하기 위해서 과학자들은 두 가지 플랜을 세웁니다. 플랜 A는 중력을 제어할 수 있는 중력 방정식을 풀어서 인류 전체를 태운 큰 우주선을 쏘아 올려 인류가 살 수 있는 새로운 행성으로 이주하는 것이고 플랜 B는 현재 인류의 생명은 다 포기하고 인류의 수정란만을 우주로 쏘아 보내서 새로운 행성에서 인류를 재건한다는 것이었습니다.

그래서 쿠퍼라는 주인공을 비롯한 우주 비행사들은 지구를 대체할 새로운 행성을 찾아서 우주로 떠나게 됩니다. 그런데 그들은 우주로 떠나고 나서야 사실은 중력 방정식을 풀어서 인류를 구원한다는 플랜 A는 애초에 불가능한 계획이었다는 것을 알게 됩니다. 즉 자신들은 다시 지구로 돌아갈 수도 없고 또 현생 인류는 멸망할 수밖에 없는 운명에 처하게 된 것을 알게 된 것이죠. 그런데 영화는 역시 반전이 있죠. 주인공인 쿠퍼가 어마어마한 생고생 끝에 시공간을 초월한 5차원의 존재들의 도움을 받아서 중력 방정식을 풀 수 있는 해답을 찾게 됩니다. 그리고 그것을 지구에 있는 과학자가 된 자기 딸에게 전달해서 플랜 A를 성공시키고 현생 인류를 구하게 됩니다.

이 영화는 시간이 순차적으로 흐르는 것이 아니라 과거 현재 미래는 동시에 존재한다는 물리학적 이론을 바탕으로 만들어졌습니다. 4차원 너머의 세상에서는 과거 현재 미래가 동시에 존재한다는 것이죠. 그리고 여기에 재미있는 사실이 하나 더 있습니다. 주인공과 인류는 결정적으로 5차원 존재들의 도움으로 살아나게 되는데 여기서 주인공 쿠퍼는 '5차원의 존재들이 굳이 왜 우리를 도와주었을까?' 하는 의문을 품게 됩니다. 그리고 자신을 도운 5차원의 존재들이 다름 아닌 자신들이 구한 미래의 인류라는 것을 알게 됩니다. 즉 주인공을 비롯한 인류를 구한 것은 제3의 어떤 외부의 존재나 외계인이 아니고 바로 자신들의 미래 인류였다는 것입니다. 엄청나게 발전한 미래의 자신들이 과거의 자신들을 구했다는 것이지요.

여기서 우리는 이 설정을 다음과 같이 대입해 볼 수 있습니다. 현생 인류를 '에고'라고 보는 것이죠. 부족하고 많이 모자란 모습입니다. 답을 찾아 헤매고 있습니다. 그리고 미래 인류는 '참나'입니다. 완전하고 성숙하며 답을 다 알고 있죠. 나의 문제의 해결책을 가지고 있습니다. 영화에서 미래 인류가 현생 인류를 구해 준 것처럼 참나가 에고를 도울 수 있다는 것입니다. 그런데 그 존재가 어떤 외부적인 누군가가 아니라 바로 '나 자신'이라는 것이죠. 내가 나의 문제를 내려놓고 내맡기는 대상은 알 수 없는 어떤 존재가 아니라 '미래의 나' 또는 '완전한 나'라고 할 수 있습니다. 그렇다면 선뜻 내맡길 수 있지 않을까요?

예를 들어, 만약 지금의 여러분이 10년이나 20년 또는 30년 전의 '나'에게 돌아가서 '과거의 나'와 이야기할 수 있다면 어떨까요? 고민하고 아파하는 '과거의 나'에게 '괜찮아, 10년쯤 지나면 이건 아무것도 아니야'라고 말해주거나, '네 마음 가는 대로 해도 괜찮아. 용기를 내. 늦지 않았어'라고 이야기해주지 않을까요? 또는 문제를 푸는 힌트를 알려주지 않을까요? 그 '미성숙한 나', '답을 찾고 있는 나'를 충분히 도와줄 수 있지 않을까요? 그런 나라면 믿을 수 있지 않을까요? 내가 나를 가장 잘 알기에 나에게 가장 맞는 좋은 길을 알려줄 수 있을 것입니다.

사실 참나는 '미래의 나'이기도 합니다. 에고가 돌아갈 근원으로서의 전체의 나이죠. 내가 나온 곳이고 들어갈 곳이고 알파이고 오메가입니다. 그것은 시공간을 초월해 있기에 지금, 이 순간에도 있습니다. 내 안에 있죠. 내 안에는 에고의 의식뿐 아니라 참나의 의식 차원이 존재합니다. 언젠간 이것도 과학적으로 증명할 날이 있겠지요.

참나는 바로 '나'입니다. 나이지만 에고의 나가 아니라 전체로서의 나입니다. 성숙하고 완성된 지혜로 가득 찬 전체로서의 나입니다. 인터스텔라에서 미래에서 온 '5차원의 인류'처럼 말이지요. 결국 참나로 살아간다는 것은 '시공간을 초월해서 있는 나' '성숙하고 완전한 나' '전체의 나'에게 내려놓고 내맡기는 것입니다.

기독교인들은
어떻게 깨달음을 얻을까?

어느 날 문득 '기독교인들은 어떻게 깨달음을 얻을까?' 하는 의문이 들었습니다. 기독교적으로 이야기하면 깨달음보다는 '구원', '하늘나라'라고 표현하는 것이 좋겠습니다. 사실 저는 어린 시절 열성적인 크리스천이었습니다. 제 기억으로 처음 교회를 나가기 시작한 것은 7살쯤이었던 것 같습니다. 동네에 사는 엄마의 친구가 엄마를 전도하면서 우리 가족들도 모두 교회에 다니기 시작했습니다.

일요일이면 어릴 적 살던 아파트 단지 후문에 있는 작은 교회의 좁은 계단을 올라가 주일학교 예배를 드리곤 했습니다. 어른이 되면서 믿음의 순수성을 잃기 전까지 매주 일요일이면 빠지지 않고 교회를 열심히 다녔습니다. 엄마는 어린이는 일찍 자고 일찍 일어나야 한다고 하시며 항상 저녁 아홉 시 뉴스 시간이 되면 무조건 제 방의 불을 꺼버리셨습니다. 그 바람에 저는 엄마 몰래 손전등을 가지고 이불 속에서 성경책을 읽어야 했습니다. 중학교 때는 혼자서 새벽 예배를 다닐 만큼 열성적인 꼬마 신도였습니다.

교회 전도사님들과 목사님은 항상 믿음을 강조하셨고 우리도 항상 '믿습니다' '아멘'을 습관처럼 하곤 했었습니다. 당시에는 믿음이 정확히 무엇인지 모르고 단순히 교회에서 알려준 대로 예수를 나의 구원자로 믿기만 하면 천국에 간다고 막연히 생각했던 것 같습니다. 많은 기도를 했고 기도가 이루어질 때도 있었고 그렇지 않을 때도 있었습니다. 기도가 이루어지지 않는 것은 믿음이 부족하기 때문이라고 배웠기 때문에 '내 믿음이 약해서 기도가 이루어지지 않으면 어쩌나'하는 불안함에 마음 졸이기도 하고 실제로 이루어지지 않으면 실망하고 낙담하기도 했습니다.

세월이 한참 지나고 나의 의식의 변화가 있고 난 뒤에 다시 성경을 보았습니다. 새로운 것들이 보이고 예전에 이해가 잘 안되던 것들이 이해되기 시작했습니다. 천국에 들어간다고 했습니다. 내려놓음과 내맡김의 성경적 언어는 복종, 순종입니다.

내 뜻을 내려놓고 '주 뜻대로' 사는 것입니다.

예수는 분명하게 말하고 있습니다. "나더러 주여 주여 하는 자마다 다 천국에 들어갈 것이 아니요. 다만 하늘에 계신 내 아버지의 뜻대로 행하는 자라야 들어가리라" (마태복음 7:21) 신약 성경의 반을 쓴 사도 바울도 이렇게 고백합니다. "내가 그리스도와 함께 십자가에 못 박혔나니 그런즉 이제는 내가 사는 것이 아니요 오직 내 안에 그리스도께서 사시는 것이라." (갈라디아서 2:20)

구원은 나의 뜻을 내려놓고 성령의 뜻대로 살 때 얻어집니다. 다시 말하면 에고가 성령께 완전히 복종할 때 이루어집니다. 완전한 복종을 통해서 에고가 뒤로 물러날 때 성령(참나)이 드러나고 나는 천국에 들어가게 됩니다. 지옥의 고통에서 벗어나 행복한 천국으로 들어가는 것이지요.

기독교인도 마찬가지로 내려놓음과 내맡김을 통해 구원을 얻는 것입니다. 하나님(삶)에 대한 전적인 신뢰가 생기면 고민거리에 대한 걱정과 근심의 크기가 줄어들기 시작합니다. 여전히 문제가 생겨나고 걱정거리들이 있을지라도 '당신께 맡깁니다'하고 고백하는 순간 번뇌가 가라앉고 두려움에서 해방됩니다.
내가 보기에는 좋지 않고 걱정되는 상황이 생길 때도 '내가 모르는 부분이 더 많을 수도 있고 내 생각만큼 나쁜 게 아닐 수도 있어. 꼭 내가 원하는 대로 되지 않더라도 괜찮아. 내가 보기에 좋지 않을지라도 하나님(삶)의 뜻이면 괜찮아'하는 믿음이 천국에 머물 수 있게 해줍니다.

기도할 때도 내가 원하는 소원을 간청할 수 있지만 '그리 아니하실지라도 괜찮습니다. 당신 뜻대로 되기를 원합니다'가 마음의 근본 바탕에 있어야 합니다. 그래야 나는 지옥으로 떨어지지 않고 천국에서 살 수 있습니다. 반드시 내 뜻대로 되어야 한다는 소원에 집착하면서 하는 기도는 위험합니다. 만약 그것이 이루어지지 않았을 때 바로 절망, 화남, 원망의 지옥으로 떨어지기 때문입니다.

하늘이 원하는 기도는 예수처럼 하는 것입니다. 예수도 십자가의 죽음을 앞두고 매우 근심하고 괴로워했지만, "아버지여 만일 할 만하시거든 이 잔을 내게서 지나가게 하옵소서. 그러나 나의 원대로 마옵시고 아버지의 원대로 하옵소서"(마태복음 26:39)라고 기도하셨습니다. 이렇게 기도하신 것은 아버지의 뜻을 전적으로 신뢰하셨기 때문입니다. 이는 우리가 어떻게 기도해야 하는지를 잘 보여주고 있습니다.

'내가 원하는 대로 되지 않더라도 그게 신의 뜻이면 괜찮아.

설령 내가 죽더라도 그것이 내가 보기엔 나쁜 것일 수 있으나 하나님의 뜻이면 괜찮아. 언제나 하나님이 하는 것이 더 나은 것이기에'라는 고백은 맹목적인 신앙과는 다릅니다. 이러한 믿음은 내면 깊은 곳에서 우러나오는 하나님에 대한 신뢰가 있어야만 가능합니다.

이러한 믿음이 있을 때 천국에 들어가는 것입니다. 바리새인들이 하나님의 나라가 어느 때 임하는지 예수께 물었을 때 예수께서는 "하나님의 나라는 볼 수 있게 임하는 것이 아니요. 또 여기 있다 저기 있다고도 못하리니 하나님의 나라는 너희 안에 있느니라"(누가복음 17:20~21) 라고 말씀하셨습니다. 예수는 우리 안에 하나님 나라가 있고 '하늘에 계신 내 아버지의 뜻대로' (마태복음 7:21) 행하는 자가 하나님 나라에 들어갈 수 있다고 분명히 말하고 있습니다.

나를 내려놓고 내 안에 있는 하나님 즉 성령께 내맡기는 삶을 살 때 구원을 받는 것입니다. 천국은 어디에 있는 장소의 개념이 아닙니다. 마음의 상태입니다. 마음이 괴롭고 힘들어서 지옥에 떨어졌다가도 '아버지의 뜻대로 하옵소서'하는 순간 나는 번뇌에서 벗어나서 천국으로 들어가게 됩니다. 걱정과 근심 두려움에서 벗어나 평온과 안식 그리고 번뇌 없음의 자리로 옮겨가게 되는 것입니다. 그곳이 천국입니다. 어릴 적 주일학교에서 배웠던 '믿습니다'라는 말의 뜻을 30년이 지나서야 비로소 깨닫게 되었습니다. 참 단순한 말인 것 같지만 이것을 이해하기까지 엄청나게 고생해야 했습니다. 여러분은 저보다 좀 덜 고생하시고 이 뜻을 이해하면 좋겠습니다.

사랑은 무조건적인 태도를 요구하며, 완전한 헌신을 바란다.
신에게 온전히 자신을 내맡김으로써 신의 은총을 향유하게 되는 신앙인처럼, 사랑은 조건 없이 감정을 헌신히는 자에게민 최고의 신비와 기적을 보여준다.

카를 구스타프 융

나의 스승님을 소개합니다

삶을 적으로 두면 나는 삶과 계속해서 싸워야 합니다. 삶을 적으로 보는 것이 에고의 관점입니다. 반면에 삶을 어머니로 보면 참나의 눈으로 세상을 보게 됩니다. 삶은 어머니입니다. '지금 이 순간'은 어머니가 나에게 주는 것입니다. 내가 지금, 이 순간 가장 마음 쓰이고 고민되는 그것은 그냥 우연히 만들어진 것이 아니라 어머니가 나를 위해 만들어 주신 음식입니다. 그것이 내 입맛에 맞지 않고 쓰더라도 어머니가 주시는 것이면 좋은 것이라고 믿고 눈 딱 감고 받아먹어야 합니다.

출산 과정에서 산모는 엄청난 고통을 감수해야 합니다. 그것은 태아도 마찬가지라고 합니다. 예전에 한 의사 선생님이,

아기가 출산의 과정을 겪을 때 머리가 불에 타는 것 같은 고통을 느낀다고 이야기하는 것을 들은 적이 있습니다. 아기가 태어날 때 얼마나 아프고 나오기 싫을까요? 어머니 뱃속에 따뜻한 양수 안에 있으면 참 편하고 좋을 것입니다. 아기는 그 힘든 출산의 과정을 정말 겪기 싫을 것입니다. 하지만 엄마를 믿고 삶을 믿고 그 과정을 통과해야 새로운 탄생을 얻을 수가 있습니다. 우리에게 삶이 주는 시련과 도전들은 출산의 과정과 같습니다. 갓난아기처럼 어머니인 삶을 믿고 용감하게 그 과정을 겪어내야 합니다.

제가 근무했던 학원에서는 할로윈이 되면 아이들에게 맛있는 사탕이나 간식을 주고 갖가지의 게임을 합니다. 게임에서 이기면 상품을 주는데 그중에서도 초등학교 고학년 이상의 아이들이 가장 좋아하는 것이 '단어 시험 면제권'입니다. 이것을 받으면 자기가 원하는 날 하루, 단어 시험을 면제받을 수 있는데 이것을 받기 위해서 게임에서 이기려고 난리가 납니다. 아이들이나 어른이나 가장 싫어하는 것이 시험인 것 같습니다. 시험이 없으면 편하겠지만 시험이 없다면 공부를 열심히 하게 될까요?

물론 그런 사람들도 있겠지만 대부분은 별로 열심히 하지 않을 것입니다. 특히 아이들은 더 그러하겠지요. 선생님들이 아이들을 괴롭히기 위해서 시험을 보는 것이 아니라 공부시키기 위해서 시험을 보는 것처럼 삶에서 시련과 역경이라는 시험은 우리를 괴롭히기 위해서가 아니고 우리를 공부시키기 위해서라는 사실을 잊지 말아야 합니다. 시험은 내 실력을 향상할 수 있는 최상의 기회입니다. 수행할 때도 지금 사는 게 편안하고 모든 게 다 잘 될 때는 수행도 편안하게 합니다.

하지만 우리 삶이 힘들 때는 어떤가요? 수행에 임하는 자세부터 달라지고 기도하는 마음가짐도 간절해집니다. 너무 괴롭고 힘들어서 벼랑 끝의 나뭇가지를 붙들고 버티듯 수행을 붙잡게 되고 기도하게 됩니다. 정신을 바짝 차리게 되지요. 그래서 옛 선사들도 깨달음을 얻은 후에 일부러 속세로 내려오기도 했습니다. 산에만 있으면 딱히 큰 시련이나 고난이 없어서 점점 매너리즘에 빠질 수 있으니까요. 오히려 시련과 역경을 찾아 속세로 내려온 것이지요.

우리는 그런 걱정은 할 필요가 없습니다. 굳이 원하지 않아도 때가 되면 하늘은 시련과 역경을 줍니다. 우리를 공부하게 하는 그것은 건강 문제나 경제적인 문제일 수도 있고 자녀나 가족의 문제일 수도 있습니다.

신약 성경에 나오는 사도 바울은 교회의 초석을 닦은 위대한 인물입니다. 그는 학식도 뛰어나고 여러 가지 환상도 보고 신비한 체험도 많이 했습니다. 그런데 성경에 보면 바울이 평생을 육체의 고통에 시달렸다는 기록이 나옵니다. 병명은 나오지 않지만, 눈에 병이 있어 잘 보지 못했다고 하기도 하고 간질이 있었다고 주장하는 학자도 있습니다. 그는 하나님께 매달리며 그것을 없애달라고 기도합니다. 바울이 이 문제로 세 번을 하나님께 간절히 기도했다고 하는데 하나님께서는 "네가 오히려 약함이 있기 때문에 온전하여진다"라고 하시며 그 기도를 들어주지 않았습니다.

바울은 이러한 하나님의 응답을 받고 크게 기뻐합니다. "여러 계시를 받은 것이 지극히 크므로 너무 자만하지 않게 하시려고 내 육체에 가시 곧 사탄의 사자를 주셨으니 이는 나를 쳐서 너무 자만하지 않게 하려 하심이라" (고린도후서 12:7) 바울은 이 약함에 걸려 넘어지지 않고 그것을 초월함으로 성령의 능력을 펼칠 수 있었습니다.

만약 바울에게 그런 고난이 없었다면 지금의 사도 바울이 있을 수 있었을까요? 만약 그런 고통이 없었다면 하나님께 매달리며 기도하지도 않았을 것이고 하나님께서 말씀하신 것처럼 너무 교만해졌을 수도 있었을 것입니다. '성령이 한 것이 아니고 내가 한 것이다'라고 교만해져서 지금처럼 위대한 사도로 칭송받는 것이 아니라 '어리석은 교주'로 기억되었을 수도 있었을 것입니다.

시련이 왔을 때 우리는 크게 도약할 수 있습니다. 공부가 깊어지고 내려놓음과 내맡김을 배우기도 합니다. 인생의 모든 것이 잘 풀리고 걱정이 없을 때는 나 혼자서 모든 것을 다 잘 할 수 있다고 생각합니다. '내 머리로 내 실력으로 또는 내 돈으로 해결하면 되지'라고 생각하지만, 그것들로 해결이 안 될 때 우리는 내려놓게 되고 내맡기게 됩니다. 더 깊은 차원의 온전한 내맡김을 할 수 있는 기회를 얻게 됩니다.

시련과 역경을 좋아하는 사람은 없을 것입니다. 고통을 수반하기 때문입니다. 하지만 그것들이 내게 찾아왔을 때 '아, 내가 한 단계 더 도약할 시기이구나'하고 지혜롭게 받아들이고 그것을 내려놓음과 내맡김으로 잘 대처할 때 우리는 평소에 명상이나 수행으로 뿌리 뽑지 못한 것들을 찾아내고 버림으로써 더욱 온전하여질 수 있습니다. 참나에 더 가까이 다가갈 수 있게 되는 것입니다. 우리가 올바르게 이러한 시련과 역경을 대처한다면 시련과 역경은 내가 온전하여질 기회이고 고통은 나의 스승이 되는 것입니다.

누군가가 저에게 "당신에게 가장 큰 스승은 누구인가요?"라고 묻는다면 주저하지 않고 답할 것입니다. 저에게 가장 큰 스승은 삶의 고통이었습니다.

자주 묻는 질문 2

명상을 잘하는 꿀팁이 있나요?

보통 명상한다고 하면 조용한 곳을 찾아서 눈을 감고 명상의 대상에 집중하는 것을 말합니다. 주위가 고요하기 때문에 머릿속의 번뇌에 더 신경이 쓰이고 번뇌가 더 많아진 것처럼 느껴지기도 합니다. 그렇게 한참 번뇌와 씨름을 한 후에야 마음이 조금씩 고요해지면서 명상에 들어가게 됩니다. 시간은 한 시간, 두 시간 앉아 있었는데 실제 내가 명상에 집중한 시간은 얼마 되지 않습니다. 효율성 측면에서 볼 때 많이 떨어집니다. 명상의 질적인 면에서도 그리 좋지 못하고요.

좀 더 효율적으로 명상을 할 수 있는 방법이 무엇일까요? 여기서 명상을 잘하는 3가지 꿀팁을 알려드리려고 합니다.

첫 번째는 '불리는 과정 갖기'입니다. 목욕할 때도 보면 때를 밀기 전에 뜨거운 물에 들어가서 한참 앉아 있습니다. 그러고 나오면 때가 잘 벗겨지지요. 그런 과정 없이 갑자기 마른 피부에 때를 벗기려고 하면 피부만 상하게 되고 잘 안 벗겨지는 것과 같습니다. 이것을 명상에 대입해 볼 수 있습니다. 자리를 잡고 명상하기 전에 일상생활에서 미리 때를 불려 놓는 것입니다. 온종일 번뇌와 한 몸이 되어 살다가 명상한다고 앉아서 갑자기 번뇌를 떼어 내려면 잘 안 떨어집니다. 마른 피부에서 때를 벗기려는 것이지요. 반대로 일상생활 중에 기회가 있을 때마다 번뇌에서 나의 의식을 떼어 놓는 연습을 하는 것입니다. 때를 불리는 과정이지요. 방법은, 일상에서 순간순간 현존을 연습하는 것입니다. 지금, 이 순간을 알아차림으로써 번뇌에서 나의 의식을 떼어 놓는 것이지요.

복잡하거나 어렵지 않습니다. 운전할 때 잠깐씩 나의 의식을 운전하는 손의 감촉에 집중한다든지, 걸음을 걸을 때 발바닥이 땅에 닿는 느낌에 집중한다든지 음식을 먹을 때 음식의 맛에 온전히 집중하는 것입니다. 온종일 그렇게 할 필요도 없습니다. 생각날 때마다 잠깐 잠깐씩 번뇌에 껌처럼 붙어있는 나의 의식을 떼어 내어 '지금 이 순간'에 집중하는 것입니다. 이것은 쉽기도 하고 자꾸 하다 보면 재미도 있습니다. 자리 잡고 명상하기 전에 일상생활에서 이것을 연습하고 습관화하면 명상하기 위해 앉았을 때 번뇌와 씨름하는 시간이 줄어들고 집중하기가 훨씬 쉬워집니다. 명상 시간이 짧더라도 집중도가 높고 명상의 깊이와 질을 높일 수 있습니다.

두 번째는 '다짐하기'입니다. 명상을 시작할 때 자기 스스로 다짐을 하는 것입니다. '내가 지금부터 명상에 들어가면 어떤 중요하고 재미있는 생각이 떠올라도 그것을 따라가지 않고 명상의 대상에만 집중하겠다'라고 다짐하는 것입니다. 명상하려고 앉으면 마음이 고요해지니까 잊고 있었던 할 일이 기억난다든지 걱정거리들이 생각날 수가 있습니다. 그럴 때 단호하게 그런 생각을 따라가지 않겠다고 다짐하는 것입니다. 명상하는 시간에는 그것이 10분이든 1시간이든 다른 것에 일체 나의 관심을 두지 않겠다고 다짐을 하는 것입니다. 만약 너무 중요하고 급한 일이 생각나서 도저히 집중이 안 되면 그 일을 처리하고 다시 앉거나 아주 급한 것이 아니라면 옆에 둔 휴대폰에 재빨리 메모하고 다시 명상으로 돌아오면 됩니다. 명상하는 시간 동안 내게 떠오르는 생각에 나의 주의를 잠시 주지 않는다고 큰일이 일어나지 않습니다. 명상 중에는 아무리 재미있는 생각이나 심각한 고민이 있더라도 잠시 미루어두고 명상에만 집중하겠다고 다짐하는 것입니다.

세 번째는 '명상이 안 된다는 것은 없다'라는 사실을 기억하는 것입니다. 명상을 하다 보면 어떤 날을 '명상이 잘 되었다' 하고 좋아하기도 하고 또 어떤 날은 '오늘은 영 잘 안되고 번뇌만 했네'하고 기분이 안 좋아지는 경우가 있습니다. 집중이 잘 안된 날은 명상 후에도 마음이 고요해지기는커녕 짜증이 나거나 자신에게 화를 내기도 합니다. 이렇게 어떤 날은 잘되고 어떤 날은 안되는 것 없이 명상이 항상 잘 되는 비법이 있을까요? 명상할 때 보면 여러 가지 번뇌가 일어남을 알 수 있습니다. 내일 처리해야 할 일에서부터 '앞으로 어떻게 살아야 하나?' 하는 노후 걱정 또는 자녀의 입시나 결혼 걱정 등의 오만가지 번뇌가 떠오릅니다. 오늘 낮에 누군가가 나에게 기분 나쁜 말을 한 것이 생각나기도 합니다. 과거에 한 실수나 잘못이 기억나기도 하고요. 그러한 번뇌들은 내가 집착하고 버리지 못한 것들입니다. 내려놓지 못한 것들입니다. 번뇌가 떠오르면 '이런 걱정, 근심, 집착이 내 안에 있구나'하고 알아차립니다. 내 안에 있다는 것을 알아차리는 것 자체도 공부입니다.

돈에 대한 걱정이 들면 '아직 내 안에 물질에 대한 집착이 크구나'하고 그 자리에서 내려놓고 내맡깁니다. '삶께 모든 것을 내맡깁니다'하는 것이지요. 누군가가 나에게 상처를 준 말이나 사건이 떠오르면 '그것이 아직 내 안에 있구나'하고 알아차리고 바로 내려놓고 내맡깁니다. '내려놓습니다, 내맡깁니다'하고 더 이상 거기에 마음을 두지 않는 것입니다. 번뇌가 들 때 내려놓고 다시 명상의 대상인 호흡으로 돌아오는 것입니다. 명상에 대상에 집중하는 것뿐 아니라 이러한 전체의 과정 자체가 명상입니다.

그러므로 명상이 안되는 날이라는 것은 없는 것입니다. 집중이 잘되면 평온함과 고요함 속에 쉼을 얻어서 좋고 집중이 잘 안되면 내 안에 남아 있는 집착이 무엇인지 알게 되어 좋은 것입니다. 아직 남아 있는 집착이 무엇인지 알아차리고 그것을 내려놓음으로써 그날도 명상이 잘 된 것입니다. 이렇게 하면 공부가 재밌어집니다. 공부가 안되는 날이 없기 때문입니다.

**3
장**

현
존

'뜰 앞의 잣나무'란?

우리나라 불교의 대표적인 수행법은 간화선입니다. 스승으로부터 화두를 받아서 참구하는 수행법이지요. 참구한다는 것은 다른 모든 관심을 끊고 나의 모든 의식을 화두에만 집중함으로써 참나를 찾는 방법입니다. 화두는 이렇게 집중 수행의 방편으로 사용되기도 하지만 옛 선사들은 조금 재미있는 방식으로 사용하기도 했습니다. 논리적이지 않은 말을 함으로써 생각의 흐름을 끊는 도구로 사용했어요.

예를 들어 중국 당나라의 선승인 조주 스님에게 제자가 물었습니다 "달마 스님이 인도에서 중국으로 온 까닭은 무엇인가요?" 조주 스님은 "뜰 앞의 잣나무다"라고 대답하셨습니다. 중국

선불교의 고승인 운문 스님에게 제자가 "부처가 무엇입니까?"라고 물었을 때 "마른 똥 막대기다"라고 대답하기도 했습니다. 비논리적인 말을 던지거나 갑자기 손바닥을 '탁'친다거나 등짝을 때림으로써 생각의 흐름을 끊어줍니다. 상대의 무의식적 생각의 흐름을 차단해서 '순간적인 생각 없음의 상태', 즉 참나의 상태를 직접 경험하도록 해주는 것입니다.

제가 대학 시절 불교 서적을 한창 열심히 읽을 때 화두에 관한 이야기를 접했습니다. 논리적으로 풀어보려고 책을 찾아보기도 하고 머리를 굴리면서 고민해 보기도 했습니다. 당시 읽었던 어느 책에서 "부처는 똥 막대기다"라고 한 것은 '더러움과 깨끗함의 분별없음을 설명한 것이다'라고 했던 기억납니다. 하지만 뭔가 명쾌하게 이해되지도 않았고, '왜 이렇게 알아듣지도 못할 말을 하는 거야' 하면서 찝찝했지만 덮어 두었습니다.

한참 세월이 흘러 의식의 변화를 겪고 나서 어느 날, 젊은 시절에 책에서 접했던 화두가 갑자기 생각났습니다. 그 순간 '아하, 그게 이런 뜻이었겠구나', '이것을 알려주려고 그렇게 한 것이구나' 하면서 살며시 미소가 지어졌습니다. "뜰 앞에 잣나무다"라고 하신 것은 '당시 조주 스님이 뜰 앞에 잣나무를 보고 있었기 때문이야' "부처가 무엇입니까?"라고 물었을 때 운문 스님이 "마른 똥 막대기다"라고 한 것은 '스님이 그 순간 마른 똥 막대기를 들고 계셨었거나 그것을 보고 계셨던 거야'라고요. 설령 스님들이 잣나무와 막대기를 보고있지 않았다고 하더라도 깨어있는 의식에서 그것에 대해 떠올리면서 화두를 던졌을 것입니다.

본성이란 번뇌 없이 순수한 존재로 있는 상태입니다. 그것을 '지금 이 순간에 머문다.' 또는 '현존한다'라고 합니다. 참나의 상태라고도 하죠. 현존 상태에 있으면 의식이 또렷해집니다. 평소에 수만 가지 번뇌들을 따라가던 의식이 지금 여기로만 집중이 되는 것이지요. 그래서 그러한 순간에는 내 의식을 어디에 두느냐에 따라 그 대상이 선명해집니다. 만약 내가 그 순간 무언가를 보고 있었다면 그것이 선명해지지요. 렌즈의 초점이 안 맞아 뿌옇게 보이던 것이 초점이 잘 맞으면 갑자기 선명하게 보이는 것과 같습니다.

선불교는 중간 단계를 거치지 않고 단박에 깨달음을 얻는 것을 추구합니다. **선불교 선사인 두 분은 본성의 상태인 현존의 상태를 그대로 드러냄으로써 그것을 제자들에게 전달하고 싶었을 것입니다. 현존의 상태를 직접 보여준 것이지요.**

제자들이 뭐라고 질문을 하든 그 질문 자체는 중요한 것이 아니었을 것입니다. 질문에 대한 답을 논리적으로 설명한 것도 아니고 그렇다고 아무 얘기나 한 것도 아니었을 것입니다. 당시 의식의 상태를 보여준 것이지요. 생각에 물들지 않은 현존을 그 대로 드러냄으로써 가르침을 준 것입니다. 물론 조주 스님이나 운문 스님이 그렇게 하신 의도는 본인만 알겠지만, 자기 스스로 깨달음의 상태를 그대로 드러냄으로써 제자들이 그것을 직접 경험하도록 재치를 발휘한 것이 아닐까 생각합니다.

조주 스님이 남전 스님에게 물었다.
"무엇이 도입니까?"

남전 스님은 답했다.
"평상시의 마음이 도이니라."

"도는 알고 모르는 것과 상관이 없다. 안다고 하는 것은 망상(妄想)이고, 모른다고 하는 것은 멍청함(無記)이다. 만약 의심할 것 없는 도를 진실로 통달한다면, 허공같이 탁 트여서 넓은 것이니, 어찌 애써 옳다 그르다 시비를 가리겠느냐?"

이 말을 들은 조주 스님은 크게 깨달았다.

일상을 즐겁게 하는
현존의 힘

섬에 사는 저는 가끔 육지에 볼일이 있어서 비행기를 탑니다. 하루는 비행기 앞 좌석에 꽂혀 있는 책자들을 뒤적이다가 한 여행 작가의 글을 읽게 되었습니다. 그는 방콕에 한 달 계획으로 여행을 갔다가 그곳 사람들과 도시의 분위기가 좋아서 7년째 머무르고 있다고 했습니다. 작가는 가끔 잡지 등에 기고하는 글로 생활비를 충당하고 평소 자신의 통장 잔고는 200만 원 남짓하다고 했습니다. 그가 쓴 글은 방콕 사람들의 순수함과 아직 개발되지 않은 곳의 자연적인 아름다움을 표현한 것이었는데 그중 제 눈길을 끄는 재미있는 내용이 있었습니다.

가난해서 커피를 마음대로 사 먹을 수 없는 작가가 어쩌다 마시는 커피 한 잔의 기쁨을 이야기한 부분이었습니다. "가난할 때의 커피 한 잔은 습관적으로 마시는 커피와는 그것이 주는 기쁨이 비교가 안 된다." 그러면서 자신이 가끔 마실 수 있는 커피를 한 모금 한 모금 온몸으로 느끼며 즐겼다는 내용이었습니다. 그 작가는 커피를 마실 때 그 맛에 온전히 집중함으로써 맛을 느끼는 기쁨을 극대화한 것입니다. 그의 경우는 커피를 맘껏 사먹을 수 없는 가난이라는 외부적인 조건으로 인해 현존의 상태로 들어감으로써 현존의 기쁨이 극대화된 것이지요.

우리는 습관적으로 하루에도 몇 번씩 커피나 차 등을 마시곤 합니다. 저도 커피를 즐기는 편인데 일하거나 책을 보면서 습관적으로 커피를 마실 때, 그 맛을 잘 모르는 경우가 많습니다. 그것에 특별한 의미를 부여하거나 감동이 없는 것도 사실입니다. 그렇다고 위의 여행 작가처럼 현존의 기쁨을 느끼기 위해서 가난해질 필요는 없습니다. 예쁜 옷이나 좋은 와인을 특별한 날을 위해서 아껴둘 수 있는 적당한 절제와 현존하는 법을 안다면 부자여도 충분히 이러한 기쁨을 누릴 수 있습니다.

순간순간의 현존에 머무르게 되면 내 주위의 환경과 상황에 대해 알아차림이 커지기 시작합니다. 대부분의 시간을 생각 속에서만 살거나 자신의 걱정거리에만 집중하는 사람들은 자신의 주위에 대해 전혀 알아차리지 못합니다. 걸을 때도 차에 치이지 않을 정도의 알아차림만으로 살아가는 것이지요.

예전에 제가 작은 사업체를 운영 할 때 알던 한 거래처의 사장님은 사람들과 대화하거나 식사할 때도 자신이 이야기할 때가 아니면 계속 자신의 사업 걱정만 하느라 상대의 이야기를 잘 듣지 않았습니다. 그러면 이야기를 하는 상대도 듣는 이가 내 이야기에 집중하지 않는다는 것을 알게 되어 기분이 상하게 되고 그 사람과 함께 있는 시간을 즐거워하지 않게 됩니다. 그 사장님 자신 또한 항상 걱정과 근심 속에서 살면서 한시도 현존하지 못하기 때문에 삶의 질이 높지 않으리라는 것은 말하지 않아도 짐작할 수 있었습니다.

사실 생각은 삶에서 꼭 필요한 것이기도 하지만 대부분은 쓸데없고 부정적이고 의미 없는 반복적인 것들이기도 합니다. 과거에 대한 후회나 미래에 대한 걱정 또는 누군가가 나에게 한 말을 곱씹는 등 불필요하고 습관적으로 반복되는 것들입니다. 우리는 수십 년을 이렇게 살아왔기 때문에 평소에 별일이 없어도 마음이 불안하고 불만족스러운 것입니다. 생각을 놓치면 안 될 것 같고 항상 꼭 붙잡고 있어야 할 것 같다고 느낍니다.

놓아도 괜찮습니다. 그것을 놓아버리고 지금, 이 순간 내가 경험하는 것에 내 의식을 온전히 주어도 됩니다. 현존하는 동

안 우리는 안전합니다. 현존하지 못하는 마음의 습관을 놓아버리면 현존이 주는 새로운 기쁨을 알게 됩니다.

내 의식이 '지금 여기'에 머무를 때 나는 참나의 상태로 존재합니다. 나의 본성이 드러납니다. 따라서 나의 본성인 평온함, 고요함, 기쁨, 희열이 생겨납니다. 그래서 우리는 현존 할 때 행복을 느끼는 것입니다.

현존 상태에 들어가기 위한 좋은 방편은 내가 지금 경험하고 있는 것에 온전히 내 의식을 주는 것입니다. 위의 여행 작가처럼 커피의 맛에 온전히 집중하거나 샤워할 때 물이 피부에 닿는 촉감에 집중하는 것도 좋습니다. 음악의 선율에 집중하거나 산책길에 보이는 나무와 풀과 새들에게 나의 관심을 오롯이 주는 것도 좋습니다.

현존에 머무는 상태가 많을수록 우리는 생각을 덜 하게 되고 주위의 상황에 대해 잘 알아차리게 됩니다. 내 주변의 사람들에 대해서 그리고 그들의 말이나 감정에 관심을 두게 됩니다. 관심은 상대에 대한 이해와 애정의 바탕이 되어 가족과 친구 관계에 좋은 영향을 가져옵니다. 매일 보는 남편이나 아내일지라도 만약 내일부터 영원히 볼 수 없다고 한다면 마음이 어떨까요? 지금 경험하고 있는 것이 다시는 경험할 수 없는 것이라면요? 내 앞에 있는 사람이나 지금 보고 있는 광경이나 먹고 있는 음식을 대할 때 처음처럼 마지막처럼 온전히 나의 관심을 준다면, 그것은 나에게 큰 기쁨을 안겨 줄 것입니다.

우리는 소박한 삶을 살아가는 여행 작가처럼 커피 한 잔에도 행복을 느낄 수 있습니다. 그것에 감사하는 마음을 가질 수 있습니다. '지금 이 순간'만이 내가 경험하는 유일한 삶이고 다시 오지 않을 것이기에 온전히 그것을 즐기는 것은 나의 권리입니다.

어느 상황에서나, 어떤 도전이 있어도,
우리는 지금 이 순간에 존재하는 상태로 들어갈 수 있다.
어떻게 하면 그런 상태로 들어가는가?
멈추는 것이다. 몇 차례 심호흡한다.
몸 구석구석에 미소를 보내라.
몸 안에서, 마음 안에서, 무슨 일이 일어나는지 관찰하고 나서,
그다음에 자비, 동정심을 지니고 앞으로 나아가라.

멈춤(STOP)의 S(STOP)는 멈추는 것이고, T(Three) 는 세 번 심호흡하는 것이고, O(Observe)는 관찰하는 것이고, P(Positive)는 친절과 기쁨, 사랑의 마음을 품고 앞으로 나아가는 것이다.

이것이 지금 여기 존재하는 상태이나.
이것은 가장 높은 수준의 인간 지성이다.

디팩 초프라

힘들 땐 '지금 이 순간'으로 곧장 들어가세요

우리는 모두 살아가면서 여러 가지 문제나 도전과 마주하게 됩니다. 그것을 겪고 헤쳐 나가면서 성장하고 성숙하기도 하지만 어떤 경우에는 우리 자신이 그 문제들에 의해 잡아먹혀 버리기도 합니다. 그것을 절망과 좌절 또는 포기라고 부릅니다. 지금 너무 힘들고 삶의 문제들에 의해 잡아먹힐 것 같을 분들이 계신다면 '소도'라는 신성한 장소로 도망치세요.

소도가 어디냐고요? 고대 시대에 하늘에 제사를 지내던 특수한 지역으로 신성한 장소였습니다. 그곳은 성시로 여겨졌기 때문에 어떤 공권력도 미치지 못했다고 합니다. 그래서 당시 사회의 약자들이 권력자들을 피해 도망쳐서 들어가기도 하고 심지어는 범죄자들도 그곳으로 도망하기만 하면 잡혀가지 않고 머물러 계속 살 수 있었다고 합니다. 우리 안에도 '소도'라는 공간이 있습니다. 우리의 소도는 바로 '지금 이 순간'입니다. 삶의 문제가 우리를 잡아먹으려고 쫓아올 때 죽을힘을 다해 소도로 도망쳐 들어가야 합니다. 그곳에 가면 살 수 있습니다.

어떤 문제를 가지고 있든지 '지금 이 순간'에는 아무런 문제가 없습니다. 제가 몸의 문제로 힘들 때 저를 가장 힘들게 한 것은 '생각'이었습니다. 엄청난 몸의 통증으로 괴로웠던 것이 아니었습니다. 몸의 통증이 있을 때도 있었지만 그보다도 '앞으로도 나는 이런 어정쩡한 상태로 계속 살아가야 하나?' '왜 내게 이런 일이 생겼을까?' 하는 생각으로 괴로웠던 것입니다. 미래를 계획할 수도 없고 몸 상태만 살피면서 전전긍긍했습니다. 세상과 사람들을 원망하면서 피해자로 사는 내 모습을 보는 것이 괴로웠던 것이지요. 계속해서 과거의 시점으로 돌아가서 모든 상황을 반복 재생했습니다. 후회하고 원망하면서 나 자신을 괴롭혔던 것입니다.

고통이 멈추고 마음의 평안을 찾은 것은 현존으로 들어갔을 때였습니다. 내가 처한 상황이 얼마나 안 좋든 간에 '지금 이 순간'은 언제나 괜찮습니다. 글을 읽고 있는 이 순간은 어떤 것도 여러분을 해치지 못합니다. 그리고 현존으로 들어가는 순간 우

리의 본성인 고요함과 평온함이 드러납니다. 아무리 힘든 문제가 있을지라도 현존하는 이 순간은 괜찮다고 느껴집니다.

현존하면 '지금 이 순간은 괜찮구나. 그리 나쁘지 않구나'라고 느낄 수 있습니다. 이 순간으로 더 깊이 들어가야 합니다. 깊은 현존으로 들어가야 합니다. 내가 현존이 주는 평온함에 머무르려고 하면 생각은 분명 '무슨 소리야, 지금 상황은 도저히 받아들일 수 없는 상황이라고! 괜찮다는 게 말이 돼?'라고 속삭이기 시작할 것입니다. 그 속삭임에 속지 말아야 합니다. '지금 이 순간은 괜찮다'라고 느꼈던 그것이 맞는 것입니다. '지금 이 순간'에서 멀어질수록 나는 불행해집니다.

우리를 속여서 현존에서 멀어지게 하는 것은 생각입니다. 에고는 항상 우리 귀에 대고 이렇게 속삭입니다. '잠시 네가 괜찮다고 해서 그것이 완전히 괜찮아지는 건 아니잖아. 쓸데없는 짓이라고. 그 시간에 다시 걱정하고 염려하고 '생각'을 계속하라고'. 생각은 끊임없이 우리의 의식을 훔쳐 가려고 시도합니다. 관심을 직장에서 자녀, 건강, 돈으로 가져가려고 합니다. '나의 말에 관심을 가져줘'라고 끊임없이 외치고 '생각에서 절대 빠져나오면 안 돼'라고 주입합니다. 그 생각의 속삭임에 귀를 기울이고 의미를 부여하면 생각이라는 녀석은 더 신이 나서 별의별 이야기를 지껄이며 나를 현존에서 밖으로 끌고 나오려고 발버둥을 칩니다.

그 녀석이 속삭임을 시작할 때 '조용히 해'라고 대응하세요. 내가 과거나 미래로 빠지지 않도록 정신을 차리고 있어야 합니다. '문제가 있어도 괜찮아, 삶에게 모두 내맡기면 다 잘 될 거야'하고 내려놓고 내맡김으로 과거의 후회나 미래에 대한 걱정에서 벗어나서 '지금 여기'에 머무는 것입니다. 조금 전 괴로웠던 사람도 '지금 이 순간'으로 들어가면 다른 외부적인 상황이 바뀌지 않아도 괴로움에서 벗어날 수 있습니다. 현존을 통한 고통에서 벗어남을 한번 두번 여러 번 경험하면 이제 알게 됩니다. 현존하면 살 수 있다는 것을요. 그리고 그곳으로 찾아 들어가는 것이 조금씩 쉬어집니다. '어떤 문제가 와도 괜찮아, 현존으로 들어가면 어떤 것도 나를 건드릴 수 없어'라고 알기에 두려움에서 해방되고 자유를 얻게 됩니다.

'그렇다고 그것이 실질적인 문제 해결에 도움이 되느냐?'라고 반문할 수도 있을 것입니다. 내가 힘든 것은 내 마음이 괴로워서 힘든 것이지 외부적인 조건 자체가 문제인 것은 아닙니다. 따라서 외적인 문제가 어떻든 간에 괴롭지 않고 고통에서 벗어난다면 그 문제와 상관없이 나는 괜찮을 수 있습니다.

20세기의 뛰어난 영성가로 알려진 지두 크리슈나무르티는 자신의 가장 큰 비밀을 알려주겠다며 다음과 같이 말했습니다.

"나는 무슨 일이 일어나도 상관이 없습니다.(I don't mind what happens)"

　이 짧은 말에는 엄청난 내공이 담겨있습니다. 무슨 일이 일어나도 그것과 상관없이 나는 괜찮을 수 있다. 나는 그 어떤 것에도 벗어난 자유인이라는 선언입니다. 무슨 일이 일어나도 상관없다는 사람이 두려운 것이 있을까요?

　제가 현존을 깊이 경험하게 되었을 때 외부적인 조건이 바뀐 것은 아니었습니다. 갑자기 몸이 회복되었다거나 한 것이 아니었습니다. 그 문제는 거기에 한동안 똑같이 있었습니다. 하지만 똑같은 상황에서 이전에는 괴롭고 고통스러워 살 수가 없었는데 내면이 바뀌니까 외부적인 조건과 상관없이 나는 평온하고 행복할 수 있었습니다. 다시 웃을 수 있었습니다.

　그러니 본질적인 문제가 해결된 것이지요. 그러면 또 신기하게도 외부적인 조건들에도 변화가 생기기 시작합니다. 그것은 즉각적으로 올 수도 있고 서서히 올 수도 있습니다. 나도 모르게 어느 순간 보니 '많이 좋아졌구나'라고 알게 됩니다.

당신은 지금
어디에 있나요?

생각 속에서 시간을 제거하면 번뇌는 멈추게 됩니다. 마음의 평안을 빼앗길 때 자신의 상태를 가만히 살펴보세요. 그 순간 분명 우리의 마음이 과거나 미래에 가 있음을 눈치챌 수 있을 것입니다. 과거나 미래에 나의 의식이 가 있다면 나는 생각속에서 사는 것입니다. 어떤 가상의 세계 속에 사는 것이지 실제의 삶을 사는 것이 아닙니다. 그러므로 현실 세계인 '지금'에서 나는 행복할 수가 없습니다.

과거와 미래는 우리 생각 속에서 존재하는 것이지 실재하는것이 아닙니다. 마음속에서만 존재하는 가짜입니다. 과거는 나의 기억이고 미래는 상상일 뿐입니다. 우리는 현재만을 경험합니다. 미래도 현재 안에 들어왔을 때 실재하는 것이고 우리가 경험할 수 있습니다. 그리고 현재 안에 들어온 미래는 내가 상상했던 미래와 다른 경우가 많습니다. 현존하지 못하고 자꾸 과거나 미래로 간다는 것은 삶에 대한 저항입니다. 그것은 불안과 두려움으로 이어집니다. 지금 있는 자리에서 만족하지 못하고 있다는 증거입니다. 이렇게 과거나 미래에 빠져 있으면 마음은 혼란스럽고 걱정이나 두려움과 같은 부정적인 에너지로 뒤덮이게 됩니다.

이때 마음에서 시간을 제거하면 나는 다시 현재로 돌아올 수 있습니다. 과거나 미래로 달아난 마음을 '지금 여기'로 다시 데려오는 것입니다. 아무것도 하지 않아도 현존하기만 하면 언제나 평온과 고요함에 머무를 수 있고 고통에서 벗어날 수 있습니다. 내가 지금 여기에 온전히 있지 못하고 빨리 벗어나고자 하는 마음이 있다면 그 이유를 잘 살펴보세요.

혹시 내가 꿈꾸는 완벽한 삶이 있는 미래를 생각하고 있지는 않나요? 빨리 그곳에 갈 수 있기만을 초조하게 기다리고 있지는 않은가요? 현재는 빨리 벗어나야 할 곳, 불완전한 곳으로 여기고 있는 것입니다. 그러므로 항상 불만족할 수밖에 없습니다. 내가 있어야 할 곳은 여기가 아니라고 생각하기 때문에 만족할 수 없고 항상 불안하고 초조할 수밖에 없지요. 나의 삶은 과거도 아니고 미래도 아니며 지금 여기뿐입니다. 의식이 지금 여기에 있을 때 나는 삶과 하나 되고 뿌리가 튼튼한 나무처럼 흔들리지 않고 고요할 수 있습니다.

삶이 항상 내가 그리는 완벽한 모습이어야 한다고 여기는 마음은 집착입니다. 그것을 내려놓아야 합니다. 집착을 내려놓는다는 것은 자포자기가 아니라 모든 가능성을 열어두는 것입니다. 지금 고민하는 그것의 결말이 내가 짠 시나리오대로 되어야 한다는 고집을 내려놓으면 됩니다. 열린 결말로 두는 것입니다. 사람들은 불확실성을 싫어하기 때문에 불확실성에 놓여있을 때 불안해하고 초조해합니다. 반대로 그 불확실성 속에서 편안하게 있을 수만 있다면 어떤 상황에서도 평온을 잃지 않을 수 있습니다.

저 또한 예전에는 모든 것을 미리 계획하고 그것이 잘 되고 있는지를 계속 살폈어요. 계획대로 되지 않으면 못 견디는 컨트롤 프릭 (Control Freak, 모든 것을 통제하려는 사람을 비꼬는 말)이었습니다. 그런데 열심히 계획하고 살폈음에도 인생은 계획대로 되지 않았습니다. '내 인생은 망했고 결말은 끔찍할 것'이라는 결론에 이르렀습니다. 그것은 사실이 아니었습니다. 삶에는 전혀 다른 계획이 있었고 결말은 나의 예상을 보기 좋게 빗나갔습니다. 예상했던 것과는 달리 새롭고 축복이 넘치는 것이었습니다. '내가 생각하는 것이 다 맞지 않을 수 있구나. 내가 계획하고 있는 것보다 삶은 더 크고 좋은 것을 나에게 주려고 하는구나'하고 알게 되었습니다.

오히려 예전에는 내가 한 만큼만 받을 수 있다는 제한된 마음을 가지고 있었다면 이제는 삶이 주는 축복을 얼마든지 받을 수 있으며 행운을 기대하는 마음마저 생기게 되었습니다. 꼭 시험에서 백 점을 맞아야만 어린이날 선물을 받을 수 있는 것은 아니니까요. 미래에 대한 가능성을 열어놓고 내맡길 때 내 생각에 집착하지 않을 수 있고 현존 속에서 평온할 수 있습니다. 과거나 미래로 달아났던 나를 다시 '지금 여기'로 데려올 때, 나는 고통에서 벗어나고 괜찮음의 자리로 돌아올 수 있습니다.

지금 여러분은 어디에 있나요?
이제 그만 '지금 여기'로 돌아오세요.

옆집 고양이 '괴팍이' 용서하기

현존하기 어려운 이유가 무엇일까요? 자꾸 벗어나려는 경향은 생각의 습관, 업, 또는 무의식의 작용 때문입니다. 음악 방송을 듣기 위해 라디오 주파수를 100Hz로 맞추었는데 자동으로 예전에 자주 듣던 방송의 주파수인 70Hz나 50Hz로 돌아가 버리는 것과 같습니다. 자꾸 현존의 주파수를 벗어나서 나의 이전의 주파수대로 돌아가게 하는 원인 중 하나는 과거에 대한 기억입니다. 기억 중에서도 자신에게 상처가 되었던 것이 가장 큽니다.

과거에 받은 상처가 지금의 삶에 너무 많은 영향을 미치고 있다면 치유해 줄 필요가 있습니다. 상처의 치유를 위해서는 과거 기억 속의 나와 나에게 상처를 준 상대를 용서하는 것이 좋습니다. 그러면 나는 과거의 기억에서 벗어나 자유로워지고 현존하기가 쉬워집니다.

　용서는 윤리적인 의무감 때문이 아니라 자신을 자유롭게 하려고 하는 것입니다. 나를 고통에서 건져내기 위해 치유하는 행위입니다. 사실 내가 상대방을 용서하든 말든 상대방은 그것에 대해 알지 못합니다. 자신과 상대방을 용서하지 못해서 죄책감이나 피해 의식에 시달리면서 고통받는 것은 나입니다. 우리는 이 사실을 알면서도 용서하기 어렵습니다. 억지로 하려니 힘든 것입니다. '용서하는 것이 맞지만 나는 못 한다'라는 죄책감까지 더해지기도 합니다.

　나와 남을 용서하려면 어떻게 해야 할까요? 나와 상대방에 대한 이해가 있어야 용서할 수 있습니다. 인간의 속성을 먼저 이해하는 것입니다. 인간은 깨어나기 전까지는 생각과 자신을 동일시하면서 그냥 그것이 시키는 대로 말하고 행동합니다. 딱 자신의 의식 수준에서 말하고 행동하고 살아가는 것이죠. 내가 저지른 잘못도 '저 사람에게 상처를 줘야지'하고 한 것이 아니라 내 의식 수준이 그 정도였기 때문에 그 수준에서 말하고 행동하는 것입니다. 그로써 상대에게 상처를 주게 됩니다. 나에게 상처를 준 상대도 마찬가지였습니다.

　제가 캐나다에서 살 때 옆집에 살던 고양이가 있었습니다.

옆집 캐나다인 가족들이 키우는 고양이인데 밖에 풀어 놓고 키워서 자유롭게 돌아다니는 반 길고양이 같은 녀석이었습니다. 그런데 성격이 좀 괴팍해서 제가 이름을 '괴팍이'라고 붙여주었고 주인의 의지와 상관없이 저와 제 친구들은 다 그 고양이를 '괴팍이'라고 불렀습니다. 신기한 것은 제가 괴팍이를 부르면 놀다가도 자기네 집 높은 담장을 훌쩍 뛰어넘어서 언제든지 저에게 달려오는 것이었습니다. 언제든 부르면 달려와서 잔디 마당을 뒹굴면서 배를 보여주곤 했습니다.

어느 날은 집에 들어가는 길에 괴팍이가 보이길래 '괴팍아~' 하고 불렀더니 여느 때처럼 담장을 뛰어넘어 달려와서는 애교를 피우기 시작했습니다. 가끔 머리를 쓰다듬어 주곤 했는데 그날은 계속해서 배를 보여주길래 배에 난 하얀 털이 너무 예뻐서 강아지한테 하듯이 배를 쓰다듬어 주려고 손을 내밀었습니다. 그 순간 괴팍이가 스프링처럼 뛰어올라서 제 팔을 세차게 할퀴었습니다. 본능적으로 그런 행동이 나왔던 것이지요.

반소매 셔츠를 입고 있던 제 팔에는 상처가 길게 파이고 피가 철철 나기 시작했습니다. 다행히 같이 있던 선배가 응급처치를 해주었습니다. 약을 바르는 동안 덤덤하게 앉아 있던 저에게 선배는 "너는 쟤가 이렇게 할퀴었는데 화도 안 나냐?"하고 물었습니다. "쟤는 본능적으로 그렇게 한 것이고 내가 잘 몰라서 배를 만지려고 했으니 괴팍이 잘못은 아닌 것 같아"라고 대답했던 기억이 납니다. 지금 생각해도 제가 좀 기특한 말을 한 것 같긴 합니다.

그때 정말 화가 나지 않았습니다. 괴팍이는 자신이 가진 의식의 수준 또는 본능대로 행동했을 뿐이지요. 자기가 좋아하는 사람이라도 갑자기 배를 만지는 순간 자기도 모르게 그에 따라 행동했던 것입니다. 그 결과로 제가 상처를 입었을 뿐입니다.

그렇게 생각하니 저의 아버지에 대해서도 이해가 되었습니다. 물론 아버지에 대한 이해는 한참 후에야 가능했고 시간도 오래 걸렸지만요. 가까운 사이일수록 서로에게 받은 상처가 더 크게 느껴집니다. 부모님이나 자녀, 배우자 또는 친한 친구에게 받은 것이 그러합니다. 가까운 사람에게 받은 상처는 크고 깊어서 용서하는 것 또한 쉽지 않습니다.

하지만 그들 또한 당시에 그들의 의식 수준에서는 그렇게 말하고 행동할 수밖에 없었다는 것을 알면 이해할 수 있습니다. 일부러 나에게 상처를 주려고 한 것이 아니라 그들도 그럴 수밖에 없었던 것이지요. 부모님과의 관계 속에서 상처를 받았다면 부모님의 일생을 객관적인 입장에서 바라보는 시간을 가지면 좋습니다. 내가 기억하는 것과 부모님의 삶에 대해 친척들에게 들은 이야기가 있다면 그것을 참고해도 좋습니다.

부모님께 상처를 받았을 때는 어린아이였던 경우가 많습니다. 어린아이의 이해 수준으로 부모님을 바라보았기 때문에 부모님의 말씀이나 행동이 전혀 이해되지 않고 상처가 되었을 수도 있습니다. 지금 어른이 된 입장에서는 그 상처가 되었던 말이나 행동을 그 자체로만 보지 않고, 그런 말이나 행동을 하게 된 이유와 배경을 전체적으로 볼 수 있습니다. 상황을 객관적이고 전체적으로 보는 것은 부모님을 조금 더 이해할 수 있게 해줍니다. '그럴 수도 있었겠구나' '그럴 수밖에 없었겠구나'라고 말입니다.

지금 돌이켜 생각해보면 저희 부모님도 저를 키울 당시에 참 어리고 젊었습니다. 그분들도 처음 부모가 되었으니 아이를 대하는 방식이 사려 깊지 못했을 수도 있었겠지요. 본인들도 어디서 부모가 되는 수업을 받은 것도 아니고 당신들의 부모님이 했던 행동을 보고 그대로 했을 수도 있었을 것입니다. 부모님은 제가 어릴 적부터 많이 다투셨고 그로 인해 저와 동생은 매우 불안한 유년 시절을 보냈습니다. 두 분이 다투신 가장 큰 이유는 아버지의 도박이었습니다. 도박에 빠져 사신 아버지는 집에 들어오지 않으시는 날이 많았고 회사를 자주 옮기고 도박에 재산을 탕진하시는 바람에 어머니가 직장을 다니시면서 살림을 꾸리셨습니다.

아버지는 왜 그리 도박에 빠져 사시는지. 그게 뭐가 그리 재밌어서 가족을 돌보지 않고 무의미한 것에 시간과 돈을 낭비하는지 어린 제 눈에는 도저히 이해되지 않았습니다. 엄마와 매일 다투는 것도 싫었고 그때마다 저는 방 안에서 불안해하고 있을 수밖에 없었습니다. 엄마는 맏이인 저에게 매일 같이 하소연하며 아버지에 대한 불만을 이야기하시곤 했습니다. 행복하지 않았던 엄마는 짜증을 내거나 화를 내실 때도 많았습니다.

이해하기 힘들고 원망스러운 부모님을 한 인간으로 바라보았습니다. 아버지의 인생을 그의 어린 시절부터 차근히 바라보았습니다. 아버지는 위로 누나가 넷인 집안의 장남으로 태어났습니다. 집안에서 그렇게 기다리던 아들이 태어나자 아버지의 할아버지는 너무 기쁜 나머지 매일같이 업고 다니셨다고 합니다. 당시 아버지의 집안은 부산에서 다섯 손가락 안에 드는 부잣집이었다고 하는데 아버지는 그렇게 남 부러울 것이 없이 귀하게 자랐던 것이지요.

그런데 아버지의 할아버지와 아버지가 연이어 돌아가시게 되면서 가세가 급격하게 기울었다고 합니다. 바깥일을 전혀 모르셨던 할머니는 재산을 관리하지 못했고 친척들에게 시기도 당하게 되면서 가산을 다 잃게 되셨다고 합니다. 왕자처럼 자랐던 아버지는 갑자기 기운 가세에 적응이 안 되셨던 것 같습니다. 자랄 때는 손위 누나들에게 의지해서 살았고 성인이 되어서도 자립하기가 쉽지 않았던 것 같습니다. 대학에 진학했지만, 중간에 포기해서 졸업을 못 했고 회사에 들어가도 적응을 못 하고 조금 힘들면 그만두기를 반복했습니다. 결혼하고 가장이 되고 자식들이 태어났지만, 그에 대한 책임이 무거워 짊어지기 어려웠을 것입니다. 도박은 그것에 대한 탈출구였던 것이지요.

텔레비전에서 나오는 완벽한 집안에서 자란 사람이 얼마나 될까요? 특히 우리 부모님 세대는 먹고살기도 바빠서 지금처럼 좋은 부모가 되는 것을 공부하는 문화도 없었습니다. 하다못해 텔레비전에서 하는 〈슈퍼맨이 돌아왔다〉나 〈금쪽같은 내 새끼〉 같은 육아 방송도 없었던 시절이지요.

부모의 체벌을 당연시하기도 해서 그 문제로 지금까지 힘들어하는 분들도 많이 계십니다. 많은 부모님들이 본인의 말이나 행동이 아이들에게 상처가 될 수 있다고 생각지 못하고 무의식적으로 그렇게 했던 것입니다. 심지어 자녀들이 그 말과 행동을 지금까지 기억할 거라고 상상하지 못할 수도 있습니다. 어른의 눈으로 그분들을 나의 부모로서가 아니라 한 인간으로 바라보고 그분들의 삶을 회상해 보면 안쓰럽고 불쌍한 마음이 많이 듭니다.

자신이 행복한 사람은 남에게 상처를 주지 않습니다. 남에게 상처를 준다는 것은 본인도 그만큼 상처가 많고 불행하다는 것입니다. 부모님에게 상처를 많이 받았다면 그 부모님은 더 많은 상처가 있었을 확률이 높습니다. 폭언이나 물리적인 학대를 받고 자라서 그것이 큰 상처로 남은 사람들도 많은데 부모가 자기 자식을 학대했다면 그렇게 한 부모들 또한 지옥 같은 인생을 살고 있었을 것입니다. 아니면 적어도 마음이 병든 상태였을 것입니다.

부모님의 삶을 그분들의 어린 시절부터 지금까지 쭉 회상하면서 바라보는 시간을 가져 보시면 좋겠습니다. 내가 기억하지 못하거나 내가 태어나기 전에 있었던 일에 관한 것이면 부모님 당사자들이 툭 내뱉은 말이나 친척들에게서 들은 이야기로 유추해 보는 것도 도움이 됩니다. '젊은 청년이, 어린 여자가 참 힘들었겠구나' '먹고살기 바빠서 어린 나의 감성까지 돌보지 못했구나' 등등 어린 시절의 나의 눈으로 보고 각인되었던 것들이 이해되거나 연민을 느끼는 부분들이 많을 것입니다. 기억이 바뀌게 되는 것이지요. 달리 말하면 과거가 바뀌는 것입니다.

마찬가지로 내가 누군가에게 상처 준 것으로 괴로워하고 있다면 그것도 치유할 필요가 있습니다. 그 시절에 어리석어서 그렇게밖에 하지 못했음을 인정하고 나 자신을 용서하는 것입니다. 삶은 우리를 포함한 누구도 평생 죄책감에 시달리며 살기를

원하지 않습니다.

　본성의 입장에서 보면, 우리는 사실 각각의 개체가 아니라 하나이고 전체입니다. 따라서 나의 상처를 치유하면 상대의 상처도 함께 치유되고 정화됩니다. 우리의 본질인 의식은 시공간을 초월해 존재하기 때문에 과거의 사건으로 인해 나의 무의식에 남아 있는 상처도 지금 치유될 수 있습니다. 용서의 과정을 통해서 나의 발목을 잡는 과거의 기억과 상처로부터 자유로워지면 현존이 훨씬 쉬워집니다.

돌을 돌이라고 하면
본질에서 멀어집니다

　도시에 살다가 처음 제주로 내려왔을 때 집 주변에 새소리가 참 많이 들렸습니다. 아침에 새소리에 깨기도 하고 여러 가지 새소리가 너무 신기하고 좋기도 했습니다. 그리고 '저 새는 어떤 새일까?' 궁금했습니다. 산책하면서 새가 나뭇가지에 앉아 있으면 어떻게 생겼는지 조용히 다가가서 보기도 하고요. 어느 날은 새소리를 구별해 알려주는 모바일 앱이 있다고 해서 바로 설치했습니다. 새소리가 들리기만 하면 앱으로 새들의 이름을 알아내기 시작했습니다. 저건 휘파람새, 멧비둘기, 뻐꾸기, 꾀꼬리, 꿩, 하면서 하나씩 찾아내었습니다. 그 이후에는 새소리가 들리면 '응, 저건 멧비둘기야. 저건 휘파람새야'하고 그들을 이름으로 인식하게 되었습니다. 그러다 보니 예전처럼 내가 더 이상 그들에 대해 궁금해하지 않는다는 것을 알게 되었습니다. 이제 그들을 다 안다고 느끼게 되었기 때문이지요.

우리가 사물을 볼 때 책상, 비둘기, 돌멩이라고 이름으로 인식하게 되면 '응, 비둘기구나' 하고 더는 흥미를 잃고 지나쳐버립니다. 하지만 그 대상의 이름 너머에 존재함 자체를 바라보면 그것의 본질성, 생명력 그리고 나와의 연결성을 느낄 수 있습니다. 내가 그 존재에 대해 이름으로 인식하지 않을 때 그것들과 진정한 교감과 소통을 할 수 있게 됩니다.

이름이라는 것은 어떤 편견이나 선입관이 될 수도 있습니다. 예를 들어 나무나 강아지라는 대상을 깊이 들여 보면 그것은 더 이상 나무나 강아지가 아닙니다. 강아지를 가만히 들여다보면, 그 눈을 가만히 들여다보면 그것은 강아지가 아니라 하나의 생명의 존재로만 느껴집니다. 내가 '강아지'라는 꼬리표로 그를 인식하지 않고 존재 대 존재로 서로를 느끼게 됩니다. 하나로 연결되어 있다는 어떤 동지애 같은 것을 느끼게 됩니다.

우리가 어떤 사람을 만날 때도 마찬가지입니다. 저 사람은 나보다 나이가 많다. 직급이 높다, 낮다. 여자다, 남자다. 이런 타이틀로 보게 되면 그 사람과 진심으로 교감하기가 어렵습니다. 소통하기 힘들어집니다. 특히 연배가 높거나 이해관계가 있는 사람들은 어렵고 불편합니다. 공감도 안 되고 소통도 어렵습니다. 피할 수 있으면 좋겠지만 상황이 그럴 수 없고 그 사람과 계속해서 같이 일해야 한다거나 지속해서 소통해야 한다면 그것 자체가 곤욕이 되기도 합니다. 내가 부여한 타이틀을 떠나서 그를 그냥 존재함 자체로 바라보려고 하면 그의 감정에 더 공감할 수 있고 친근함을 느낄 수 있습니다.

상대의 본질을 느끼려면 먼저 내면이 고요해져야 합니다. 내 머릿속에 '저건 새야, 저건 돌멩이야, 저 사람은 상사야'라고 하지 않아야 해요. **일단 내 머릿속에서 그러한 꼬리표들을 지워야 합니다. 그들에 대한 판단의 소리를 끄고 고요함 속에 그 존재를 느껴보세요.**

그러면 그들이 가진 이름 너머에 있는 존재를 느끼게 됩니다. 공감의 감정과 사랑의 에너지가 차오름을 느낄 수 있습니다. 남편과 아내, 부모와 자식, 선생님과 제자 등의 타이틀을 통해서 상대를 보지 말고 상대를 그냥 존재하는 하나의 생명으로 한 번 느껴보시면 좋겠습니다.

남편이나 아내 등으로 상대에 이름을 붙여서 보면 여러 가지 조건들이 덕지덕지 붙게 되고 '내가 그를 사랑하려면 이런저런 조건을 충족해야 해'가 생기게 됩니다. 가끔은 그런 것들을 다 떠나서 그냥 존재로서 그 사람을 바라보면 좋겠습니다. 그 사람의 눈을 깊이 들여다보세요. 모든 꼬리표를 다 떼고서 존재 자체에 관심을 주고 그 존재함에만 고마움을 느껴보세요. 자연스럽게 나와의 연결성을 느낄 수 있을 것입니다. 상대에 대한 연민과 존재의 본질인 사랑의 에너지가 흘러나옴을 느낄 수 있을 것입니다.

먼저 내 가족, 남편이나 아내, 아이들, 그리고 친구들을 그렇게 바라보는 것부터 시작하면 좋겠습니다. 그들과 마주 보고 이야기할 때 상대방 이마에 붙은 꼬리표들을 떼어주고 고요함 속에서 상대의 눈을 바라보면서 다만 그 존재함만을 느껴보세요. 사람이 아니라 나무나 꽃, 돌멩이 같은 자연도 좋습니다. 깊이 들여다보면 그것은 더 이상 돌멩이가 아닙니다.

노자는 도덕경 1장에서 이렇게 설했습니다. "이름이 개념화될 수 있으면 진정한 이름이 아니다. (名可名, 非常名 명가명 비상명)" 이름을 붙여 개념화가 되면 진정한 의미와 본질에서 멀어진다는 의미입니다. 존재에 붙은 꼬리표를 떼어 내고 있는 그대로 그것 자체로 보고 느낄 수 있으면 좋겠습니다.

자주 묻는 질문 3

긍정의 힘을 어떻게 기를 수 있나요?

"생각을 계속 긍정적으로 유지해야 하나요?"
"노력했는데 원하는 대로 이루어지지 않아요"
"긍정적인 생각만 하려고 애쓰다 보니 화가 나거나
짜증이 나서 마음이 더 안 좋아졌어요"

긍정적으로 생각해야 좋은 일이 생기고 원하는 결과가 이뤄진다는 이야기를 듣고 해보았지만, 더 답답함만 생기거나 오히려 전보다 마음이 더 우울해졌다는 분들의 말씀입니다. 오래전에 어디선가 읽었던 이야기인데 옛날에 도술이 뛰어난 한 도사님이 살고 있었다고 합니다. 제자가 도사님께 도술의 비법을 묻자 도사님은 이렇게 일러주었습니다.

"도술의 비법은 간단하다. 방 안에 앉아서 내가 써 준 비책을 읽기만 하면 되는데 난, 절대 원숭이에 대해 생각하면 안 된다"라고 말씀하시는 것이었습니다.

제자는 '갑자기 웬 원숭이?'라고 생각하면서 "저는 한 번도

원숭이에 대해서 생각해 본 적이 없는데요?"라고 대답하고는 자신 있게 비법서를 받아서 집으로 돌아왔습니다. 제자가 방 안에 앉아서 드디어 비책을 열어 보는 순간 스승님의 '절대 원숭이에 대해 생각하지 말라'라는 말씀이 떠올랐고 그 순간 머릿속은 원숭이들로 가득 차서 망했다는 슬픈 이야기였습니다.

생각을 통제하는 것은 몹시 어렵습니다. 생각은 내가 하는 것이 아니기 때문입니다. 생각이란 내가 자라 온 환경, 경험, 유전 등 여러 가지 영향으로 만들어진 하나의 시스템이 외부 자극에 의해서 자동적으로 반응하는 것이라고 볼 수 있습니다. 따라서 원래 긍정적으로 생각하는 경향성을 가지고 있는 사람은 긍정적으로 생각하는 것이 어려운 일이 아닐 수도 있습니다. 하지만 계속해서 힘들게 노력하고 있다면 그 사람은 그러한 경향성이 낮다고 볼 수 있습니다.

긍정적인 생각을 인위적으로 계속 유지하려면 일어나는 모든 생각을 통제해야 합니다. 그리고 그냥 두면 지나가 버릴 생각과 감정들도 붙잡고 애써서 바꾸려고 하다가 지쳐버리기도 합니다. 이러한 행위는 생각이란 녀석에게 과도하게 큰 권력을 스스로 내어주는 것입니다. 생각이란 사실 그리 대단한 존재가 못 됩니다. 우리가 그에게 그러한 권한을 줄 때를 제외하고는 말이지요.

생각 자체는 그리 대단한 것이 아니기 때문에 그것을 두려워할 이유가 하나도 없습니다. 그냥 지나가도록 내버려 두면 우리를 해치지 못합니다.

생각이나 감정을 억지로 붙들고 그것을 긍정적인 것으로 바꾸려고 노력하는 대신 우리는 침묵하는 것을 택할 수 있습니다. 자연스럽게 나의 본성이 드러나도록 하는 것이지요. 우리의 본성은 그 자체가 긍정성을 가지고 있으므로 그 본성이 그대로 드러나도록 하기만 하면 됩니다.

그러면 침묵한다는 것은 무슨 말일까요? 떠들지 않고 조용히 있는 걸까요? 침묵이란 먼저 지금 있는 모든 것을 있는 그대로 인정하고 받아들인다는 의미입니다. 지금 이 순간에 들어 온 모든 존재들이나 현상들을 있는 그대로 마음에서 인정하는 것이지요. 내가 보고 싶지 않은 사람이나 받아들이고 싶지 않은 상황이 이 순간에 존재하더라도 그것을 있는 그대로 인정하고 마음에서 받아들이는 것입니다. 생각은 '이건 말도 안 돼' '인정할 수 없어'라고 외쳐대겠지만요.

내가 마음으로 받아들이고 그것이 거기에 있음을 인정하고 존중할 때, 생각은 조용해지기 시작합니다. 생각이 아무리 떠들어봤자, '너는 그렇게 말할 수도 있겠구나, 네 말이 맞을 수도 있지만 그렇지 않을 수도 있어.' '지금까지 살아보니 네 말이 맞지 않은 적이 더 많았거든.' '그리고 만약 네 말대로 되더라도 괜찮아'라고 하는 순간 생각은 힘이 빠지고 시들해집니다. 그리고 조용해지기 시작합니다. 다 괜찮다는데, 그대로 받아들이겠다는데 생각이 더 이상 할 말이 없어지는 것이지요. 그러면 마음속에 고요함과 평온이 찾아옵니다. 나의 좋고 싫음을 내려놓고, 받아들임과 내맡김을 할 때 침묵으로 들어갈 수 있습니다.

지금 이 순간을 있는 그대로 받아들이는 것은 포기가 아닙니다. 적극적인 의지의 표현입니다. 내가 현실을 받아들이지 않겠다고 해서 현실이 없어지지도 않지요. 내 마음만 괴로울 뿐입니다. 내가 있는 그대로 현실을 받아들인다는 것은 용기이고 삶에 대한 믿음이기도 합니다.

고요함 속에 있을 때 참나와 하나 됨의 상태에 들어가게 됩니다. 참나의 상태가 고요함이고 그 속에서 지혜가 나옵니다. 나의 주파수를 참나의 주파수에 맞출 때 나는 참나와 공명할 수 있습니다. 참나와 하나됨으로 참나의 지혜와 에너지를 공급받을 수 있습니다. 그 상태에서 자연스럽게 '긍정'이 생겨납니다. 평온, 사랑, 안정, 감사, 자존감, 자신감은 내가 침묵할 때 저절로 생겨납니다. 에고가 침묵할 때 참나가 드러나고 지혜가 생겨납니다. 내가 문제에 끼어들지 않고 오히려 물러설 때, 아무 말 없이 고요하게 있을 때 참나가 드러나고 진정한 긍정의 상태로 들어가게 됩니다.

**4
장**

내
면
을
따
르
는
삶

에고를
뒤집어라

오래전에 읽었던 것인데 이현주 목사님의 '호랑이를 뒤집어라'라는 책이 있습니다. 우리나라 민담을 재구성해서 만든 소설인데 내용은 대략 이렇습니다.

어느 마을에 사람을 잡아먹는 호랑이가 자주 내려왔는데 하루는 그 마을에 사는 한 남자가 참다못해 호랑이를 잡으러 산으로 올라갔습니다. 그런데 되려 남자가 호랑이한테 잡아 먹혀버렸습니다. 호랑이한테 잡아먹힌 남자는 호랑이 배로 들어가게 되었는데 깜깜한 호랑이 배 안에서 보니 저 끝에서 희미한 불빛이 보이는 것이었습니다. 남자가 그 불빛을 따라가 보았더니 그것은 호랑이 똥구멍으로 새어 들어온 불빛이었습니다. 그래서 남자는 그 호랑이 똥구멍으로 온 힘을 다해 탈출해 나와서 살아났고 호랑이는 그 바람에 똥구멍이 옷감 뒤집히듯 뒤집혀서 죽었다는 이야기였습니다.

이야기에서 호랑이는 폭군을 상징하는 것이고 결국에는 백성이 승리한다는 의미였습니다. 여기서 호랑이를 에고에 대입해 보겠습니다. 어마어마한 호랑이의 배로 들어가 뒤집어서 잡았듯이 우리도 내면으로 들어가 중심을 바로잡으면 에고를 굴복시킬 수 있습니다.

우리는 보통 외부의 조건이나 환경에 반응하면서 살아갑니다. 외부의 조건이 내 마음에 들면 기쁨이나 행복으로 반응하고 내 마음에 들지 않으면 두려움이나 걱정으로 반응합니다. 우리는 외부의 모든 조건과 환경을 통제하거나 알 수 없기 때문에 쉽게 두려움에 빠지게 됩니다. 호랑이가 언제 내려올지 몰라 항상 불안하고 초조한 것이지요. 마음먹은 대로 외부를 모두 통제하거나 만들어 낼 수 있다고 주장하는 사람들도 있는데 그것은 불가능합니다. 에고는 신이 아니기 때문이지요.

이렇게 외부 조건에 따라 마음이 왔다 갔다 하면 쉽게 걱정과 두려움에 빠질 수밖에 없습니다. 이럴 때 우리는 보통 어떻게 행동하나요? 두렵고 어찌해야 할지 모를 때, 많은 이들이 문제를 해결해 줄 사람이나 방법을 찾아 밖으로 뛰쳐나갑니다. 그리고 내 삶의 주도권을 바깥세상에 쉽게 내어줍니다. 나에 대한 주권을 가족이나 친구들, 전문가들이라는 사람들, 사회의 통념 같은 것들에게 주고 그들이 잡아당기는 대로 이리저리 끌려다닙니다. 나는 더 혼란에 빠지고 약해지고 두려움에 휩싸입니다. 밖에다 내 힘을 다 주어버렸기 때문이지요.

그러면 삶 속에서 언제 나타날지 모르는 호랑이에게 잡아먹히지 않으려면 어떻게 해야 할까요? 삶 속에서 큰일이 일어나거나 그것으로 인해 두려움과 걱정이 나를 삼킬 것 같을 때 가장 먼저 해야 할 것은 골방에 들어가 내 마음을 살피는 것입니다. 요동치고 있는 마음을 고요히 하고 평온히 하는 것입니다.

그래야 아무리 큰일이 생겨도 중심을 잡을 수 있습니다. 성경의 잠언 4장 23절에도 "무릇 지킬만한 것 중에 더욱 네 마음을 지키라. 생명의 근원이 이에서 남이라"라는 말이 있습니다. 우리는 지킬 것이 많이 있지요. 건강, 돈, 가족, 일, 명예 등등 많지만, 그중에서 꼭 지켜야 하는 것이 마음이라는 것입니다. 그것을 지키지 못하면 전쟁에서 성문을 열어준 문지기가 되어 다 잃게 되는 것입니다.

두려움이나 걱정에 요동치고 있는 마음을 살펴봐야 합니다.

생각이 하는 말을 무조건 믿고 있는 것은 아닌지, 아직 일어나지도 않은 일에 대해 지나치게 걱정하고 단정을 짓고 있는 것은 아닌지 알아차려야 합니다. 생각이나 감정에 현혹되지 않기 위해서 깨어 있어야 합니다. 내면을 돌아보면서 알아차림과 내려놓음, 그리고 내맡김으로 마음의 평온함과 자신감을 되찾아야 합니다. 에고를 아웃시키는 것이지요. 이렇게 나의 중심을 잘 잡고 있으면 나는 외부의 상황이나 조건에 상관없이 괜찮아집니다. 문제 해결을 위해 밖으로 나가더라도 먼저 이것을 하고 나가야 합니다.

이것이 내면을 따르는 삶입니다. 내면의 중심을 잘 잡고 있으면 외부적인 조건에 따라 천국과 지옥을 왔다 갔다 하는 삶에서 벗어날 수 있습니다. 마음의 중심과 평온함을 찾은 후에 내면의 목소리가 이끄는 방향으로 따라가면 됩니다. 그것이 무엇인지 잘 모르겠다면 나에게 자신감과 평안함을 주는 방향으로 가면 됩니다. 어떤 것이든 불안과 두려움을 주는 것은 진리가 아닙니다. 나의 본성인 사랑과 감사, 자신감에 공명하는 것들 또는 사람들을 보고 듣고 어울리는 것이 좋습니다.

내면이 두려움과 공포에 휩싸여 불안할 때 어떤 결정이나 행동을 하면 부정적인 에너지가 흘러 들어갑니다. 결과 또한 좋을 수가 없겠지요. 내면이 고요함과 평온함 또는 자신감으로 가득 차 있을 때 결정을 내리고 행동하면 좋은 결과가 나타납니다. 내면에 긍정적인 에너지가 흘러 들어가서 외부도 그렇게 바뀌는 것을 경험할 수 있습니다.

내려놓음과 내맡김으로 고요함을 되찾고 삶에 대한 신뢰를 회복한 후에 무엇이든 생각하고 결정하고 행동하는 것이 좋습니다. 그 속에는 사랑과 지혜의 에너지가 함께 하므로 좋은 결과를 데리고 옵니다.

'건강이 더 나빠지면 어떡하지?' '난 어차피 운이 나쁜걸' '이제 희망이 없어'라고 에고가 속삭일 때 그 거짓말에 속지 마세요. '삶을 온전히 믿습니다' '몸 안의 신성을 신뢰합니다' '삶이 나를 사랑한다는 것을 알고 모두 내맡깁니다'라고 외치고 에고의 속으로 들어가서 똥구멍을 뒤집어 버리시기를 바랍니다.

무조건
행복할 수 있으려면

우리는 막연하게 삶에서 A, B, C 등 조건이 충족되면 행복하게 될 거로 생각합니다. '내가 원하는 대학에 합격하면 행복할 거야' '집만 사면 행복할 거야' '결혼만 하면'. '… 만 되면'이라는 가정법을 취합니다. 원하는 것을 얻게 되면 행복함을 느끼는 것은 맞습니다. 하지만 그 행복은 잠깐 머물다 갑니다. 원하는 하나를 이루고 나면 금세 새로운 원하는 것이 생깁니다. '이것만 충족되면 행복할 텐데'의 상태로 돌아가게 되기 때문이지요. 우리는 짧은 행복과 '이것만 충족되면 행복할 텐데'의 상태를 반복해서 오며 살아갑니다. 문제는 후자의 상태로 사는 세월이 훨씬 길다는 것입니다.

공부를 썩 잘하지 못했던 제 동생이 대학입시를 준비할 때 가족들의 걱정이 많았습니다. 당시 저는 해외에 살고 있었는데 엄마가 전화로 동생의 합격 소식을 전해주었습니다. 결과를 듣기 전 아주 짧은 몇 초의 순간이 엄청나게 길게 느껴졌습니다. 동생이 합격했다는 것을 알았을 때 뛸 듯이 기뻤습니다. 제가 대학에 들어갔을 때보다 더 기뻤던 것 같습니다. 너무 기뻤는데 엄마와의 전화를 끊고 얼마 지나지 않아 언제 그랬냐는 듯이 마음이 무덤덤해지는 것이었습니다. 일 년 가까이 마음 졸이면서 걱정하고 불안했는데 그 기쁨의 순간은 너무 짧았습니다. '그렇게 원했던 것을 가졌어도 기쁨은 순간일 뿐이구나'하는 허탈감과 깨달음이 동시에 찾아왔습니다.

사람의 한평생이 100년이라면 이러한 기쁨을 느끼는 순간이 얼마나 될까요? 그 순간들을 합해도 얼마가 되지 않을 것입니다. 나머지 시간은 '이것만 충족되면 행복할 텐데'라는 마음 상태로 살아가는 겁니다. 그렇다고 우리가 외부의 모든 조건과 상황을 원하는 대로 통제할 수 있을까요? 그것은 불가능합니다. 그렇다면 외부의 조건에 상관없이 나의 상태를 기쁨, 사랑, 평안으로 만들 수는 없을까요? 우선 행복이 무엇인지 생각해 볼 필요가 있습니다. 우리가 얻고자 하는 행복이란 것은 결국 원하는 것을 얻어서 느끼게 되는 '만족감' '인정' '사랑'일 것입니다. 결국 이 감정을 얻으려고 그렇게 기를 쓰고 있는 것일지도 모릅

니다. 그렇다면 이러한 감정을 지금 이 자리에서 내어보면 어떨
까요?

우리 몸의 조직을 분해하면 세포로 나눌 수 있고 세포는 분
자로 나눌 수 있습니다. 이렇게 쪼개다 보면 최소 단위가 남는데
그것이 원자입니다. 원자에서 양성자, 중성자, 전자는 약 0.001%
의 공간을 차지하고 나머지 99.999% 이상 텅 비어 있다고 합니
다. 물체가 흩어지지 않고 하나로 보이는 것은 양성자와 전자
사이에 끌어당기는 힘인 '전자기력' 때문입니다. 원자가 텅 비어
있다는 것은 우주가 텅 비어 있다는 것이기도 합니다. 양자역학
에서는 모든 물질은 입자이면서 동시에 파동이라고 합니다. 따
라서 우리 사람도 에너지 파장으로 이해할 수 있습니다.

외부의 조건이나 상황에 따라 파동처럼 나의 에너지나 주파
수도 반응합니다. 좋은 상황이 주어지면 기쁨과 만족감이라는
밝은 에너지와 높은 진동 주파수로 반응하고 나쁜 상황이 주어지
면 두려움과 근심 등의 어두운 에너지와 낮은 진동 주파수로 반
응합니다. 이렇게 외부의 조건에 따라 반응하기만 하는 것은 우
리가 수신탑으로만 사는 것이라고 할 수 있습니다. 하지만 우리
는 스스로 에너지와 주파수를 내는 송신탑이 될 수도 있습니다.
외부 상황과 관계없이 스스로 에너지를 발생시키는 것이지요.

예를 하나 들어 보겠습니다. 듣기 싫은 말을 듣게 되면 나는

그 말을 듣는 순간 자동으로 기분이 다운되고 우울해집니다. 화가 날 수도 있습니다. '기분 나쁨'의 상태가 되는 것이지요. 우리가 수신탑으로 살기 때문입니다. 하지만 우리는 스스로 자신의 에너지와 주파수를 바꾸어 줄 수도 있습니다. 말의 힘을 이용해 즉각적으로 바꾸는 것이지요. 말이 가진 고유의 에너지와 주파수에 나의 에너지를 공명시켜서 바꾸어 주는 것입니다. '감사합니다' '사랑합니다' 등의 나의 본성의 에너지와 가까운 말을 이용하는 것이지요.

우리가 쓰는 말에는 에너지가 담겨있습니다. 말은 에너지를 담는 그릇이라고 볼 수 있습니다. 대학 시절 말의 힘에 대한 과학적 실험으로 큰 반향을 일으켰던 『물은 답을 알고 있다』라는 책을 읽은 후에 호기심이 발동해서 직접 실험해본 적이 있습니다. 책에서는 물에게 좋은 말과 나쁜 말을 한 후에 그 결정을 관찰해서, 좋은 말을 해주었을 때는 예쁜 물의 결정체가 생기고 나쁜 말을 했을 때는 물의 결정체가 깨지거나 흉하게 변하는 것을 보여주었습니다.

제가 실험의 대상으로 삼은 것은 작은 식물이었습니다. 화초와 꽃을 좋아하시는 엄마가 키우던 작은 화분에 있는 화초였는데 거의 죽어서 이사하면서 버리려고 신발장 옆에 놓아둔 것이었습니다. 마침 제 눈에 들어왔던 것이지요. 다 죽은 화분을 가져가겠다고 우기는 저를 엄마는 이해가 안 된다며 좋은 것을 주겠다고 했습니다. 저는 한사코 그 녀석을 고집해서 제 기숙사로 데리고 왔습니다. 아담한 화분 안에 남아 있던 것은 작은 몸통과 앙상한 가지 하나였습니다. 가지는 거의 말라 있었고 죽어가고 있었지만, 아직 뿌리까지 썩은 것으로 보이지는 않았습니다. 실험 대상으로 안성맞춤이었죠.

저는 그 작은 화분을 향해서 매일 같이 사랑의 말을 쏟아붓기 시작했습니다. 책상 앞 창가에 두고, 볼 때마다 축복의 말을 해주었습니다. "너는 분명히 다시 살아날 거야" "너는 엄청난 생명력이 있어." "너는 큰 나무가 되고 잎이 무성해질 거야" 어떨때는 속으로 말하기도 하고 아무도 없을 때는 소리 내어서 하기도 했습니다. 진심을 담아서 축복해주었습니다. 처음 2주간은 아무런 변화도 없었습니다. 혹시나 해서 죽었는지 만져보기도 했지만 포기하지 않고 계속 내가 아는 모든 좋은 말들을 쏟아내었습니다.

한 3주 정도 지나자 작은 잎이 하나 나오기 시작했습니다. 그때 뛸 듯이 기뻤던 기억이 납니다. 저를 이상하게 쳐다보던 룸메이트 동생의 모습도 떠오르네요. 한 달이 지나고 두 달이 지나자 가지가 나오고 잎이 무성해지더니 정말 처음 모습은 알아볼 수 없을 정도로 싱싱한 식물이 되었습니다. 기숙사에 음식과 옷을 가져다주려고 오신 엄마가 못 알아볼 정도였으니까요. 엄마는 정말 신기해하시면서 저에게 비료를 주었는지 어떻게 이렇게 살아났는지 무척 궁금해하셨지만, 어떻게 설명해야 할지 몰라서 그냥 얼버무리고 넘겼습니다. 저는 제 눈으로 실제 실험의 결과를 보고 나니 말의 힘에 대해서 더 깊이 이해할 수 있게 되었습니다.

실험을 꼭 하지 않더라도 살아가면서 자연스럽게 말의 힘을 느끼기도 합니다. 그래서 '말이 씨가 된다'라고 하는 이야기를 일반인들도 이해하고 받아들이는 것이지요. 말에는 그 고유한 에너지와 주파수가 있는 것이기에 그것을 우리는 알게 모르게 경험하고 살아가는 것입니다. 우리 자신도 에너지와 파동이기에 좋은 말을 하면 그 에너지에 함께 동화되고 그 주파수에 공명할 수 있는 것입니다. 이 원리를 이용해서 우리가 스스로 좋은 에너지와 주파수를 만들어 낼 수 있다는 것입니다. 하와이 원주민들의 전통 수행법인 '호오포노포노'같은 명상법도 이러한 원리를 이용한 것이지요. 호오포노포노(Ho'oponopono)는 고대 하와이인들의 전통적인 문제 해결법으로 '미안합니다' '용서하세요' '감사합니다' '사랑합니다'라는 말을 반복해서 무의식을 정화하는 수행법입니다.

우리는 이렇게 말을 이용해서 좋은 에너지를 스스로 발생시킬 수 있습니다. 소리를 내어서 해도 좋고 마음속으로 속삭여도 좋습니다. '감사합니다' '사랑합니다' 하면서 나의 에너지를 말의 에너지에 공명시켜 주는 것입니다. 그러면 나의 에너지와 주파수가 바뀜을 느낄 수 있습니다. 나의 에너지가 정화되는 것입니다. 말을 하고 즉각적인 반응이 오지 않더라도 잠시 다른 일을 하고 있다 보면 어느새 나의 에너지가 바뀌어 있음을 눈치챌 수 있습니다. 내가 괜찮아졌음을 알 수가 있습니다.

그러면 우리는 더 이상 수신탑으로 한정되는 것이 아니라 송신탑도 갖추게 되는 것입니다. 이제는 소극적으로 무기력하게 외부의 조건에 따라 반응하기만 하는 것이 아니라 스스로 내가 원하는 에너지를 만들어 낼 수 있게 되는 것입니다.

이렇게 되면 내가 원하는 것이 이루어지건 이루어지지 않건 행복할 수 있습니다. 이루어지지 않을 때는 그것과 상관없이 스스로 행복의 에너지와 주파수를 만들어 내면 되니까요. 완벽하게는 못하더라도 내가 행복 상태에 있는 시간을 지금보다는 훨씬 많이 늘릴 수 있지 않을까요?

행복을 나중으로
미루지 마세요

    살다 보면 여러 가지 힘들고 어려운 일을 겪게 됩니다. 생각보다 자주 겪기도 해요. 그때마다 괴로움의 늪에 빠진다면 우리의 삶 자체는 불행으로 가득 찰 것입니다. 불행이 찾아왔을 때도 삶을 잘 살펴보면 다른 것도 있음을 알 수 있습니다. 불행만 있지 않아요. 하지만 우리가 그것만을 보고 있으면 불행에만 빠지게 됩니다. 가난할 때도 병에 걸렸을 때도 행복할 수 있다는 사실을 기억하길 바랍니다. 병에 걸렸다고 해서 방에 누워서 '나는 병자다'라고 생각하며 천장만 바라보고 있지 마세요. 더 우울해지기만 합니다.

    제가 몸이 아팠을 때도 항상 아픈 것은 아니었습니다. 바다를 보거나 예쁜 숲길을 걸을 때 마음이 순간적으로 평온을 찾고 행복함이 느껴지기도 했지만, 그때마다 '그래봤자 나는 몸이 건강하지 못한걸. 이게 다 무슨 소용이야.' 하는 생각이 들면서 다시 '병자'로 돌아갔습니다. 내가 행복하도록 허락하지 않았던 것입니다. 어떤 새로운 일을 시작하거나 계획하려고 하다가도 '아픈 게 더 심해지면 어떡하지, 미래에 대한 계획을 세워봤자 소용이 없어. 나는 이미 틀렸다고' 하면서 아무것도 하지 않고 나 자신을 '병자'라는 틀에 가두고 삶은 멈추었습니다. 나 자신의 행복할 권리, 삶을 살아갈 권리를 스스로 빼앗아 버린 것이지요.

'나는 병에 걸렸기 때문에 불행해. 병이 다 나으면 행복해질 거야. 그래야 내 인생은 다시 시작될 거야'라는 새빨간 거짓말에 속지 마세요. 병이 여러분에게 잠시 머물러 있을 뿐이지 여러분이 '병자'는 아닙니다. 우리는 '병자'보다 큰 존재입니다. 초점을 '병'에 맞추지 말고 '삶'에 맞추는 것이 중요합니다.

제가 근무하는 학원 초등부에 루프스병에 걸린 학생이 있습니다. 병원에 자주 입원해야 해서 학교와 학원을 수시로 빠집니다. 병 때문에 자주 얼굴이 붓는데, 자세한 사정을 모르는 아이들이 뚱뚱하다고 놀리기도 하지만 꿋꿋이 학원을 나오는 학생입니다. 한번은 학생의 어머님과 상담할 때 아이가 학원 다니는 것을 힘들어하지 않는지 물어보았습니다. 힘들면 다니지 않아도 된다고 어머니가 얘기해도 아이는 영어가 재밌다고 하며 학원을 계속 가겠다고 한다고 말씀하셨습니다. 그리고 병원에서도 영어 숙제를 한다는 것이었습니다. 그 또래 아이들이면 창피하기도 하고 공부하는 것이 힘들어서 그만둘 법도 한데 그 학생은 씩씩하게 잘 다니고 있습니다. 삶에 대한 열정이 참 대단한 것 같고 어리지만 존경스럽기도 합니다. 병자는 병자대로 완벽합니다. 물론 몸의 상태와 삶의 균형을 잘 맞추어야 하겠지만 나의 행복을, 나의 인생을 '완쾌' 이후로 미루지 말라는 겁니다.

세계적인 영성가인 바이런 케이티는 한때 눈의 병으로 인해 시력을 거의 상실해서 강의를 다닐 때 계단에서 여러 번 굴러떨어지기도 했지만, 자신이 불행하다고 느끼지 않았다고 합니다. '기쁨의 수천 가지 이름'이라는 책을 집필할 때 그녀는 각막 이식 수술이라는 엄청난 시련을 겪는 중이었습니다. 그런 상황에서 '기쁨의 수천 가지 이름'이라는 책이 탄생했습니다. 이렇듯 어려움 속에서도 기쁨과 행복을 느낄 수 있습니다.

지금 바로 이 자리에서 행복해지세요. '나는 병이 있어서 행복할 수 없어'라는 생각에 속지 마세요. '나는 가난하기 때문에 행복할 수 없어'라는 거짓말에 넘어가지 마세요. 몸이 아프면 아픈 대로 가난하면 가난한 대로 나는 행복할 수 있습니다. 내가 '병자'나 '가난한 자'가 아니기 때문입니다. **그것은 나의 삶의**

하나의 조건일 뿐입니다. 생각에 속지 않으면 나는 언제나 지금 바로 행복할 수 있습니다.

지금 당장 병을 없애야겠다고 발버둥을 치거나 깨어진 인간 관계를 회복시키려고 애쓰지 않아도 됩니다. 대신 내가 지금 행복할 수 있는 것에 먼저 집중해 보시길 바랍니다. 창밖에 보이는 푸른 나무에 눈길을 주고 그것의 아름다움을 느껴보기도 하고 마음에 기쁨을 주는 것들을 허락해보세요. 강아지를 산책시키거나 아이들에게 소소한 것을 챙겨주면서 함께하는 기쁨을 누려보세요. 문제에만 가 있는 나의 관심을 삶으로 돌리는 것입니다. 움직일 수 있으면 움직이고 할 수 있는 만큼 가족들을 돌보고 시험공부를 하고 연애하고 사업 계획을 세우고 여러분의 삶을 그대로 살아가시길 바랍니다.

사이비에 빠지지
않는 방법

가끔 종교나 명상 단체에 속해 있는 분들이 이메일로 고민을 보내오기도 합니다. 사이비 종교를 믿거나 특정인을 무조건 추앙하는 사람들을 보아도 '남에게 피해 안 주고 자신들만 행복하고 만족하다면 괜찮지 않을까?'라고 생각하기도 했습니다. 그런데 결국에는 시간이 지나면서 가정이 깨지기도 하고 경제적으로 큰 손해를 보기도 하면서 정신까지 피폐해지는 경우를 보니 그 위험성에 대해서 조심할 필요가 있겠다고 생각하게 되었습니다. 무엇보다도 종교나 영성 단체의 지도자에게 너무 빠져서 자신의 인생을 스스로 살지 못하고 그 사람의 조종에 따르는 것은 경계해야 한다고 생각합니다.

제 동창 중에 자신이 다니는 교회 목사님의 말을 마치 하나님의 말처럼 따르고 복종하는 한 친구가 있었습니다. 어느 날은 제가 그 친구의 말을 듣고 기겁한 적이 있었습니다. 그 친구는 목사님한테 시시콜콜한 것까지 어떻게 해야 할지를 물어보곤 했는데 그날은 남자 친구와 잠자리를 해도 되는지 물어봤다는 것이었습니다. 그때 그 친구가 삼십 대 초반이었습니다. 그 얘기는 정말 충격이었습니다. 가끔 무속 신앙을 믿는 분들 중에 무속인에게 매일 전화해서 오늘은 동쪽으로 가는 게 좋은지 무슨 색 옷을 입고 나가는 게 좋은지 물어보는 사람들이 있다는데 그것과 다를 바가 없는 것이지요.

자신의 고민이나 문제를 영적 지도자들과 의논하거나 조언을 구할 수는 있지만, 자신의 인생의 키를 그 사람에게 주고 그 사람의 조종을 받으며 사는 것은 결코 옳은 일이 아닙니다. 처음에는 그 사람이 내 인생의 어려운 결정을 대신해 주어서 편하겠지만 나중에는 그 사람 없이는 아무것도 할 수 없게 되어 그에게 종속되고 그에게 나와 내가 가진 모든 것을 지배받게 됩니다. 진정한 영적 리더라면 주위 사람들을 조종하려고 하지 않고 그들이 스스로 자립할 수 있도록 도와주는 사람일 것입니다.

20세기에 훌륭한 철학자이자 정신적 스승으로 존경받는 지두 크리슈나무르티(Jiddu Krishnamurti)라는 구루가 있습니다.

1875년에 신지 학회라는 단체가 설립되었는데 이 단체는 나중에 모든 뉴에이지 사상의 시초가 된 곳이라고 여겨지기도 합니다. 이 신지 학회의 창설자인 헬레나 블라바츠키 부인은 세계의 영적 교사가 지상에 올 때를 대비해서 준비한다는 목적으로 협회와는 별개로 〈별의 교단〉이라는 단체를 창설합니다. 이 단체는 인류를 구원할 스승이 나타날 거라는 믿음을 가지고 있었는데 1910년 당시 신지학 협회 대표로 있던 애니 베산트가 인도의 한 해변에서 이 스승이 될 아이를 발견합니다. 그가 지두 크리슈나무르티였습니다. 당시 크리슈나무르티는 13살이었는데 애니 베산트는 그가 인류를 구할 스승이라고 알아보고 그의 부모를 설득해서 크리슈나무르티와 그의 동생을 영국으로 데려가서 교육합니다.

그 이후 지두 크리슈나무르티는 인류를 구할 스승으로서의 자질을 갖추기 위한 다양한 교육을 받으면서 자라게 됩니다. 그런데 그가 32살 되던 해에 충격적인 사건을 일으킵니다. 네덜란드에서 대규모로 열린 유럽 신지 학회 모임에서 그 스스로 별의 교단을 해산시켜 버린 것입니다. 베산트 여사를 포함해 3천 명이 넘는 회원들을 앞에 두고 수만 명의 네덜란드 국민들이 라디오로 청취하고 있는 가운데 예고도 없이 그를 추앙해 온 거대한 조직과 수십만 회원들을 해산시키는 연설을 합니다. 그것이 유명한 '별의 교단 해산 선언문'입니다.

나는 진리로 가는 길을 따로 있지 않다고 단언하는 바입니다.

여러분은 어떤 길, 어떤 종교, 어떤 종파로도 진리에 다다를 수 없습니다. 이것이 바로 나의 관점이며 나는 절대적이고 무조건 이 관점을 고수하고 있습니다.

진리란 경계가 없고 무조건적이고 어떤 방법으로 다다를 수 없으며 체계화할 수 없습니다. 또한 어떤 특정한 방법을 따라 사람들을 인도하고 강요하기 위해 어떤 조직을 만들어서는 안 됩니다. 먼저 이 점을 이해한다면 하나의 믿음을 조직화한다는 것이 완벽히 불가능하다는 것을 깨닫게 될 것입니다. 믿음은 순전히 한 개인의 문제이며 그것을 조직화할 수 없고 해서도 안 됩니다.

그렇게 할 경우에 그것은 죽은 것이 되고 딱딱하게 굳어져 버립니다. 그것은 하나의 교리가 되고 교파가 되고 종교가 되어 다른 사람들에게 강요되기 마련입니다. 세상 모든 사람들이 열심히 하는 일이 바로 그것입니다. 다른 어떤 사람도 여러분들 자신을 자유롭게 해주지 못합니다. 어떤 조직에 들어가 자신을 희생하거나 무엇을 숭배한다고 해도 자유롭게 되지는 않습니다. 자신을 어떤 단체에 묶어 두거나 일에 열중한다고 해서 자유롭게 되지도 않습니다.

그래서 이제 나는 어쩌다 내가 교주가 된 별의 교단을 해산하기로 결정했습니다. 다른 조직을 만들거나 또 다른 누군가를 기대할 수도 있을 것입니다. 그런 것에는 이제 관심이 없으며 새로운 새장을 만들고 그 새장을 새롭게 꾸미는 것도 나의 일이 아닙니다. 나의 유일한 관심사는 오로지 인간을 절대적이고 무조건 자유롭게 하는 것에 있습니다.

『별의 교단 해산 선언문』 발췌 요약

그는 교주의 자리를 스스로 버리고 죽을 때까지 어떤 단체에 속하지 않고 전 세계를 돌아다니며 수많은 강연을 통해 사람들을 자유롭게 하는 일을 했습니다. 그의 연설과 대화 내용은 60여 권이 넘는 책으로 출간되었고 세계 다른 여러 언어로 번역되어 지금까지 많은 사람들에게 영향을 주고 있습니다. 다른 건 몰라도 신지학 협회에서 사람을 보는 눈은 정확했던 것 같습니다.

모든 조직이 나쁜 것이라고 할 수는 없습니다. 많은 사람들에게 체계적인 교육을 통해 도움을 줄 수 있는 장점도 있습니다. 하지만 자신의 조직이나 교리만이 옳다고 주장하면서 그것을 강요하거나 자신들만의 분리된 정체성을 만들고 그것을 소속된 회원들에게 갖도록 해서 에고를 강화하는 것은 경계해야 합니다. 특히나 그 단체의 리더를 숭배하도록 하는 것은 더욱 그러합니다. 진정한 영적 안내자는 사람들을 자신에게 끊임없이 의존하게 하거나 그들의 정신을 지배해서 자신의 종으로 만드는 사람이 아닙니다. 오히려 사람들 각자가 스스로 자립할 수 있도록 도와주는 것이 진정한 리더이고 안내자입니다.

무엇보다도 우리 스스로가 자신을 잘 지켜야 합니다. 나의 내면을 잘 살피고 지켜야 합니다. 나와 너, 우리 단체와 너희 단체 사이에서 분열을 일으킴으로써 에고를 강화하는 그룹이나 사람이라면 따르지 말아야 합니다.

분리와 에고의 강화는 진리와는 반대되는 것입니다. 어떤 단체나 리더에게 절대적으로 의존하거나 나의 힘과 결정권을 다른 이에게 내어주는 것도 하지 말아야 합니다. 만약 내가 점점 그렇게 되어가고 있다면 빨리 알아차리고 그 자리에서 주저하지 말고 일어나서 나와야 합니다.

어떤 단체나 사람의 종이 되어서는 안 됩니다. 사람이나 단체나 혹은 수행법도 모두 달을 가리키는 손가락일 뿐입니다. 손가락에 절하고 그것을 숭배하지 마세요. 내 마음의 소리만을 따라가야 합니다. 항상 자기 내면의 소리에 귀를 기울이세요. 자꾸 내면의 소리에 귀 기울이는 연습을 하다 보면 점점 그 소리가 더 잘 들립니다. 이렇게 살아아 괜찮은 삶인시 알 수 있게 됩니다. 다른 누군가에게 의지하려 하지 말고 자신의 내면의 목소리를 듣고 따르는 삶을 살면 좋겠습니다.

내가 올바르게 가고 있는지 궁금한가요? 나의 의식이 확장되고 두려움이 없어지며 내면의 힘과 빛이 강해지는 방향으로 가고 있다면 잘 가고 있는 것입니다. 나의 주인의 자리는 누구에게도 내어주어서는 안 됩니다. 나의 본성, 성령님, 부처님의 자리는 다른 사람에게 내주어서는 안 됩니다. 그 자리를 누군가에게 내어주는 순간 나는 그 자리에 있는 자의 종이 되기 때문입니다. 그 자리는 '참나'만이 있어야 할 자리입니다.

타락,
그리고 새로운 시작

가끔 종교가 있느냐는 질문을 받을 때가 있습니다. 지금은 특정 종교를 가지고 있지 않지만, 초등학교 들어가기 전부터 성인이 될 때까지 꽤 열심히 교회를 다녔습니다. 당시 제가 다니던 교회는 무척 보수적인 곳이었습니다. 주일날은 물건을 사는 것도 자제해야 했고 당연히 기독교 이외의 종교에는 구원이 없다고 배웠습니다. 그런데 어느 날 저의 보수적인 신앙이 무너지게 되었습니다. 소위 '타락'하는 사건이 일어나게 됩니다. 그것이 지금의 저를 만든 발단이 되었다고 할 수도 있겠습니다.

고등학교 수학여행에서의 일이었습니다. 당시 대부분의 학교처럼 우리 학교도 경주 불국사로 수학여행을 갔습니다. 친구들과 함께 당시 유행하던 즉석카메라로 사진도 찍고 경내를 돌아다니면서 구경하고 있었는데 우리 반 아이 하나가 갑자기 신발을 벗더니 법당에 들어가서 불상에 절을 하는 것이었습니다. 그 아이는 학교에서 전교 1등을 놓치지 않는 모범생으로 얼굴도 예쁘고 집안도 엄청 부자여서 모든 아이의 부러움을 사는 그런 친구였습니다. 그런데 그 친구가 불상에 절을 하는 것이었습니다.

그 모습을 보았을 때 저는 무척이나 당황했습니다. 일단 그 친구가 불교를 믿는다는 사실에 놀랐고 동시에 제 머릿속에 문득 이런 생각이 드는 것이었습니다. '저렇게 완벽하고 온갖 부러움을 사는 친구가 불교를 믿다니…. 그럼 천국에 못 가잖아. 그래 봤자 나보다 못한 거 아닌가?' 그 순간 제가 친구를 보고 그런 생각을 한다는 사실에 소스라치게 놀랐습니다. '내가 그런 잔인한 생각을 하다니… 이런 어이없는 우월감을 느끼다니…'

그 사건 이후로, 그전까지 아무 생각 없이 그냥 무조건 받아들이던 것들에 의심하기 시작했습니다. '내가 하나님이라도 하나님을 믿지 않는다는 이유로 평생 고통당하는 지옥 불에다가 사람들을 집어넣지는 않을 텐데. 내가 믿는 하나님이 정말 그런 분일까?' '교회가 생기기 전에 우리 조상들은 다 어떻게 되었단 말인가?' '하나님은 사랑이라고 배웠는데 말이 안 되지 않는

가….' 이런 의문이 생기게 된 것입니다.

지금은 어떤지 모르겠지만 당시만 해도 제가 다니던 교회뿐 아니라 많은 교회 목사님들이 이교도들은 지옥에 간다고 설교했었습니다. 그래서 그 의문들에 대해서 교회의 선생님이나 전도사님 그리고 목사님에게도 여쭤봤지만, 누구도 명확하게 답변해 주지 못했습니다. '다 하나님의 깊은 뜻이 있는 거야' '그냥 믿으면 되는 거야'라는 식으로 말씀했습니다. 신실하던 녀석이 이상한 걸 묻고 다닌다고 생각했을 것입니다. 어른들의 당황하는 표정과 못마땅해하는 모습을 보면서 '더 이상 물어보면 안되는 것이구나'라고 생각했습니다. 그 당시 제가 가진 신앙의 관점에서 보면 영혼의 방황과 타락이 시작된 것입니다.

그 이후로 스스로 답을 찾기 시작했습니다. 먼저 책을 보기 시작했습니다. 좀 덜 보수적인 자유주의 기독교 서적에서부터 해방신학 서적까지 그리고 다른 종교의 책에도 손을 데기 시작했습니다. 처음 불교 관련 책에 손을 댔을 때는 가슴이 떨리고 무섭기도 했습니다. 지금 생각하면 말도 안되는 웃기는 이야기지만 당시에는 고정관념에 사로잡혀 있었기 때문에 타 종교의 책을 본다는 것 자체가 무서웠습니다. 어이가 없었던 것은 제가 처음 읽은 책이 불교 교리에 관한 것이나 경전도 아닌 법정 스님 산문집이었다는 것입니다. 그런데도 떨렸었습니다. 그것을 집어 들었을 때도 '이건 에세이 같은 거니까 괜찮을 거야…'하고 핑계를 대었으니 말이지요.

　법정 스님 책에 손을 댄 것은 큰 실수였습니다. 너무 좋았거든요. 법정 스님 책을 모두 읽고 나자 불교에 대해서 더 궁금해지기 시작했습니다. 그 이후로도 불교나 다른 종교의 책을 볼 때 '내가 지옥 불에 떨어지는 것이 아닐까?' 가끔 두렵기도 했지만, 눈을 질끈 감고 나의 마음의 소리를 따라가기로 했습니다. 금단의 선을 넘기로 한 것이지요. '지옥 불에 떨어지더라도 내 마음의 소리를 따라가 보자' 그때의 결심과 선을 넘었던 용기가 제가 새로운 것을 수용하고 계속해서 발전할 수 있는 동력이 되어 주었습니다. 물론 책에서 답을 찾은 것은 아니었지만요. 그 이후로 많은 여정을 거치게 되었지만, 그 여정의 첫 시작은 그렇게 이루어졌습니다.

　내 마음의 소리를 따르기로 한 것은 새로운 것을 받아들이는 힘도 되었지만 동시에 나를 지키는 방패도 되었습니다. 왜냐하면 그 이후에 소위 정도가 아닌 종교나 명상 단체나 사람들에게 현혹될 기회가 많이 있었지만 그렇게 되지 않았습니다. 내 마음을 살피고 양심에 공명이 일어나지 않으면 따라가지 않았기 때문입니다. 그 기준은 나 자신을 스스로 지킬 수 있는 든든한 방패가 되어 주었습니다.

저는 지금은 교회를 다니고 있진 않지만, 기독교에도 다른 종교와 마찬가지로 진리가 있다고 생각합니다. 그리고 성경 중에서도 예수님의 말씀과 행적이 있는 4 복음서를 참 좋아합니다. 다만 교회에서 이야기하는 모든 교리에 동의하진 않습니다. 그것은 불교에 있어서도 마찬가지입니다. 여러분이 어떤 종교를 가지고 있다고 해서 그 종교에서 이야기하는 모든 교리를 무조건 다 받아들여야 할 필요는 없다고 생각합니다. 그렇지 않고도 충분히 그 종교의 본질적 가르침을 배울 수 있습니다.

어떤 고정관념이나 교리에 얽매여있으면 새로운 것을 만났을 때 그것을 알아보기도 전에 자신이 이미 알고 있는 것이나 들은 것을 가지고 단단하게 벽을 치게 됩니다. 그 벽에 둘러싸여 새로운 메시지 자체를 듣지 못하게 됩니다. 그러면 나 자신에게 발전이 있을 수가 없습니다. 내가 알고 있는 것 이상으로 나아갈 수 없고 지금 상태 그대로일 수밖에 없습니다. 먼저 내 고정관념과 편견을 내려놓고 새로운 것을 대하는 것이 필요합니다.

그렇다고 무조건 받아들이라는 것이 아닙니다. 새로운 것과 나의 내면의 불성, 성령, 신성과 만날 기회를 주어야 한다는 것입니다. 그리고 그것이 나의 신성, 양심과 공명하는지 지켜보는 것입니다. 일단 그것이 나의 내면의 신성과 만나서 공명한다면 받아들이고 그렇지 않다면 받아들이지 않으면 되는 것입니다. 우선 새로운 것을 만나면 열린 마음으로 편견을 내려놓고 받아들여 보세요. 그리고 자신이 그 새로운 것과 공명하는지 살펴보세요.

붓다는 이와 비슷한 문제에 대해서 말씀하신 것이 있습니다. 께사뿟따라는 깔라마인들의 성읍(북인도의 조그만 도시)을 방문했을 때 그곳 사람들이 붓다에게 질문했습니다. 여러 수행자나 선생들이 자신들의 마을에 오는데 서로 자신의 주장이 맞는다고 하고 다른 사람의 주장은 틀렸다고 하는데 누가 진실을 말하고 누가 거짓을 말하는지 어떻게 알 수 있는지 물었습니다. 그때 붓다는 『앙굿따라 니까야』의 「깔라마 경」에서 다음과 같이 설했습니다.

> 깔라마들이여, 그대들은 소문으로 들었다고 해서, 대대로 전승되어 온다고 해서, '그렇다 하더라'고 해서, 우리의 성전에 쓰여 있다고 해서, 논리적이라고 해서, 추론에 의해서, 이유가 적절하다고 해서, 우리가 사색하여 얻은 견해와 일치한다고 해서, 유력한 사람이 한 말이라고 해서, 혹은 '이 사문이 우리의 스승이시다'라는 생각 때문에 진실이라고 받아들이지 말라.
>
> 깔라마들이여, 그대들은 참으로 스스로 '이러한 법들은 유익한

것이고 이러한 법들은 비난받지 않을 것이며 이러한 법들은 지
자들의 비난 받지 않을 것이고 이러한 법들은 전적으로 받들어
행하면 이익과 행복이 있게 된다'라고 알게 되면, 그것들을 구족
하여 머물러라.

붓다도 스스로 깨닫고 알게 되면 그것을 받아들이라고 설했
습니다. 외부의 어떤 권위나 전통 등을 무조건 따르지 말라고
당부했지요. 우리는 내면에 '참나'의 직관적인 지혜를 가지고 있
습니다. 외부가 아닌 내면의 지혜에 귀를 기울이고 그것을 따르
는 것이 행복의 길입니다.

다른 것에 의지하지 말고,

자신을 섬으로 삼아 스스로에 의지하며 살아라.

다른 것에 의지하지 말고,

진리를 섬으로 삼아 진리에 의지하라.

불교 경전 『디가 니까야(Dīgha Nikāya)』

자주 묻는 질문 4

윤회와 전생은 진짜 있나요?

우리나라에서도 소개되어 큰 반향을 일으킨 아니타 무르자니의 임사체험을 기록한 『그리고 모든 것이 변했다』라는 책이 있습니다. 책에서 아니타는 임사체험을 통해서 암에서 치유되고 영적인 변화를 겪게 되는 과정을 소개합니다. 아니타는 자신이 임사상태에서 겪은 죽음 이후의 세계에 대해서 묘사하기도 하는데, 그곳에서는 시공간의 제약이 없다고 합니다. 시간이 우리가 느끼는 것처럼 직선으로 흐르는 것이 아니라 모든 사건이 동시에 일어난다는 것이지요.

그녀는 홍콩에서 자랐지만, 출신 배경이 인도였기 때문에 전생에 대한 믿음을 가지고 있었는데 임사상태에서 자기 전생에 대해 궁금해하니 전생이 눈 앞에 펼쳐졌다고 합니다. 그리고 현생에서의 자기 오빠가 전생에서는 자신의 동생이었다고 합니다. 그런데 재미있는 것은, 그것이 실은 전생이 아니라 또 다른 현생이었다는 것입니다. 즉 모든 생들이 동시에 일어나고 있더라는 것입니다. 일반적으로 아는 것처럼 한 생애가 끝나고 그다음 생애가 펼쳐지는 것이 아니고 나의 여러 가지 생들이 동시에 일어나고 있는데 우리는 시간을 직선으로만 인식할 수 있기 때문에 그것을 한 번에 하나씩만 경험하게 된다는 것입니다. 그래서 우리는 그것을 동시가 아니라 전생 현생 후생으로 느낀다는 것이지요.

그리고 또 한 가지 흥미로운 사실은 지금, 이 순간에 생각하고 결정한 것이 바로 반영이 되어 자신의 모든 현생에 영향을 준다는 것입니다. 아니타가 임사상태에 있을 때 자신이 다시 살아 돌아올지 아니면 저세상에 계속 머물지 고민하게 되는데 살아 돌아오려고 생각하니 그렇게 결정했을 때의 삶들이 펼쳐져 보이고 다시 돌아오지 않으려고 생각하니 그에 따른 다른 삶들이 펼쳐지더라는 것입니다. 그래서 아니타는 이것을 태피스트리(여러 가지 색실로 그림을 짜 넣은 직물)라고 표현했습니다. 자수로 만든 쿠션을 보면 여러 실들이 서로 얽혀서 영향을 주고 있는데, 그처럼 순간의 나의 선택이 전 삶에 영향을 주고 변화를 가져온다는 것입니다.

이 점은 불교의 연기법과도 일맥상통한다고 볼 수 있습니다. 모든 것은 상호 의존관계를 가지고 조건에 의해 모든 것이 생겨나고 멸한다는 불교식 세계관이지요. 그리고 아니타가 이야기한 것은 물리학에서 말하는 다중우주 이론과도 비슷합니다. 세상에는 한 가지 우주만 있는 것이 아니라 다중우주가 공존하고 있다는 주장입니다. 그러니까 이론적으로는 다른 어떤 우주에서는 여러분이 안타깝게 헤어졌던 첫사랑과 해피엔딩을 이루었을 수도 있다는 것입니다.

아니타의 이야기를 소개해 드리는 이유는 이 관점이 틀림없다거나 사실이라고 주장하기 위해서가 아닙니다. 윤회나 전생에 관해서 다양하고 좀 더 넓은 시각을 가지면 좋겠다는 생각에서 말씀드린 것입니다. 사실 윤회는 인도의 전통적인 세계관에서 생겨난 것으로 힌두교나 불교에서 이 세계관을 받아들이고 있습니다. 하지만 불교 내에서도 윤회가 있다는 주장이 있지만, 윤회는 없는데 부처님께서 방편으로 말씀하신 것이라는 의견도 있습니다.

윤회라고 하면 일반적으로 '나'라는 무언가가 있어서 그것이 계속해서 태어나고 죽고 반복한다고 말합니다. 그런데 이러한 반복되는 태어남과 죽음이 괴로우니까 수행하면 그것에서 벗어나서 다시는 윤회하지 않을 수 있다고 합니다. 그것을 해탈이나 깨달음이라고 하지요. 그러면 윤회는 정말 있을까요? 윤회에서 벗어나려면 어떡해야 할까요? 저에게 윤회가 있는지 물어보신다면 저는 이렇게 대답할 것입니다. "모릅니다, 하지만 있든 없든 상관없습니다"라고요.

윤회라는 것은 윤회의 주체인 '나'가 있어야 하는데 이 몸 마음이 내가 아니라고 하면 그것은 나와는 상관이 없어지는 것입니다. 현생의 몸 마음도 내가 아닌데 전생이나 내생의 몸 마음이 무슨 의미가 있을까요? 깨어남을 한마디로 하면 '정체성이 바뀌는 것이다'라고 앞에서 말씀드렸습니다. 즉, 나의 정체성이 에고에서 참나로 바뀌는 것으로 생각하면 이해하기가 쉽습니다.

영화를 볼 때 푹 빠지면 그 주인공에게 감정이입이 되어서 주인공이 성공하면 같이 기뻐하고 주인공에게 나쁜 일이 일어나면 슬퍼합니다. 실제 울기도 하고 스트레스를 받기도 합니다. 하나의 영화가 끝나고, 다른 영화를 본다고 하면 또 새로운 주인공에게 감정이입이 되어서 보게 됩니다. 그런데 아무리 많은 영화를 보고 어떤 영화를 보든, 주인공이 어떻게 바뀌든 실제 그것을 보고 있는 나와 상관이 있나요? 나의 정체성이 그 영화 주인공이 아니고 지켜보는 관객이라면 어떤 영화를 보든 상관이 없습니다. 그리고 처음에는 영화 보는 게 재미있어서 로맨스 영화도 보고 슬픈 영화도 보고 개가 주인공인 영화도 보기도 하겠지만 어느 정도 지나면 시들해져서 별로 보고 싶지 않을 수도 있겠지요.

윤회가 있든 없든 상관없습니다. 우리가 원하는 궁극적인 지점은 수행을 통해서 아예 윤회를 안 하려고 하는 것이 아니라 '윤회하든 말든 상관없다'라는 상태가 되는 것입니다. 이것이 윤회를 초월하는, 윤회를 진짜 벗어나는 것입니다.

이렇게 한번 생각해 볼 수도 있습니다. 내가 축구선수이고 시합이 세상이라고 하면 내가 선수로 뛰어도 좋고 아니어도 상관없다는 것입니다. 시합을 뛰면 힘들게 고생하니, 즉 세상살이에 뛰어들면 고달프니까 '죽어도 안 뛰겠다'라고 고집하거나 아니면 '내가 꼭 뛰어서 팀을 이기게 만들겠다고 우기는 것' 다른 말로 하면 '해탈하지 않고 중생을 다 구하겠다'라고 고집하는 것. 둘 다 집착이라는 것입니다.

감독이 봤을 때, 즉 전체의 입장에서 봤을 때 내가 지금 시합에 뛰는 것이 도움이 되면 열심히 뛰는 것이고 내가 뛰는 것이 지금 시점에서 필요치 않으면 안 뛰는 것입니다. 물론 나의 의지와 의견을 감독과 상의할 수는 있겠지만 자신의 고집을 피우는 것은 아직 거기에 얽매여있다는 것입니다. 온전히 감독을 신뢰하고 믿으면 감독의 지시에 따르면 되는 것이기에 내가 고집 피울 필요도 없는 것입니다. '윤회가 있는 것도 아니고 없는 것도 아니다'라는 애매한 양비론이 아닙니다. '윤회가 있든 없든 상관없다 '입니다. 왜냐하면, 윤회하는 것이 내가 아니기 때문입니다. 내 정체성이 그것을 지켜보는 자이기 때문에 그것이 있든 없든 상관이 없고 그것에서 초월해 있다는 것입니다. "윤회가 있나요?" "있든 없든 상관없습니다" 왜냐하면, 윤회하든 안하든 그것은 내가 아니니까요.

5장

'있음, 바라보기

늑대에게 어떤 먹이를
줄 것인가?

아잔 브라흐마 스님의 '술 취한 코끼리 길들이기'에 나오는 재미있는 일화를 하나 소개해 드리려고 합니다. 아잔 브라흐마는 영국 출신의 스님인데 태국에서 출가해서 수행하다 호주로 가서 불교 사찰을 세운 분입니다. 처음에 절을 지을 때 돈이 없어서 함께한 스님들과 직접 손으로 벽돌을 쌓아서 절을 지었다고 합니다. 열심히 벽돌을 쌓아서 첫 벽을 완성했지만 다 완성한 후에 보니 중간에 벽돌 두 장이 어긋나 있는 것을 발견하게 되었습니다.

다른 벽돌은 모두 일직선으로 바르게 놓여있었지만, 이 어긋난 벽돌 때문에 벽 전체를 망치고 만 것입니다. 아잔 브라흐마 스님을 비롯해 함께 벽돌을 쌓은 스님들은 그 벽을 허물고 다시 새로 세우자고 했지만 주지 스님께서 완강하게 그대로 두자고 하셔서 어쩔 수 없이 그냥 두게 되었다고 합니다. 그래서 방문객들이 찾아왔을 때도 가능하면 그 벽 앞을 지나지 않도록 신경을 곤두세웠다고 합니다.

마침내 절을 다 짓고 서너 달쯤 흘렀을 때 어느 한 방문객과 함께 절 안을 거닐다가 그 방문객이 기어이 그 벽을 보고야 말았습니다. 그런데 그 방문객은 그 벽을 보고 '매우 아름다운 벽이군요'하고 감탄을 하는 것이었습니다. 아잔 브라흐마 스님은 그의 말에 "혹시 선생님 안경을 차에 두고 오셨나요? 아니면 시력이 안 좋으신 건가요? 벽 전체를 망쳐 놓은 저 벽돌 두 장이 보이지 않으신가요?"라고 물었습니다.

그 방문객은 다음과 같이 대답합니다. "물론 제 눈에는 잘못 놓인 두 장의 벽돌이 보입니다. 하지만 제 눈에는 더없이 훌륭하게 쌓아 올린 998개의 벽돌도 보입니다."

이 방문객의 한마디가 아잔 브라흐마 스님의 그 벽에 대한 시각뿐 아니라 자신과 삶에 대한 시각을 근본적으로 바꾸어 놓았다고 합니다. 이 벽돌 두 장의 일화는 우리의 삶에 대한 태도를 잘 보여줍니다. 우리는 대부분 998개의 벽돌보다는 2개의 어긋난 벽돌을 바라보고 살아갑니다. 여러분이 오늘 하루 종일 가장 많이 생각한 것은 무엇이었나요? 아마도 그것은 빨리 해결되었으면 하거나 벗어나고 싶은 '걱정거리'일 것입니다. 무의식적으로 마음이 항상 문제에 가 있어서 우리 스스로 괴로움을 계속 만들어 내는 것이지요. 그 문제가 해결되어도 우리는 귀신같이 또 다른 벽돌 두 장을 찾아냅니다. 그래서 항상 불만족스럽고 기쁘지 않은 것입니다.

우리는 삶에 대한 관점을 정립할 필요가 있습니다. 같은 상황에 있어도 내가 어떤 태도를 보이느냐에 따라서 불행할 수도 있고 행복할 수도 있습니다. 평생 사는 동안 항상 2장의 벽돌만 바라보고 불평할지 아니면 998개의 벽돌을 보면서 감사하고 안심할지 결정하는 것은 내가 어떤 인생을 살지를 결정하는 것과 같습니다.

물론 후자를 택하는 것이 행복한 삶을 사는 길이겠지요. 만약 내게 지금 998가지의 나쁜 것이 있고 2가지의 좋은 것이 있다 할지라도 그 2가지에 집중해 보세요. 그 2가지에 내 운명이 달렸다고 생각하고 그것만 바라보는 것입니다. 그러면 나는 그 두 가지로 인해서 살만해지고 '지금 이 순간'에 만족할 수 있습니다. 나의 중심을 그 2가지로 인해서 잃지 않을 수 있습니다. 무엇보다도 마음의 상태를 지키는 것이 중요합니다. 그 중심을 잃지 않고 있으면 나머지는 더 이상 문제가 되지 않거나 저절로 해결됩니다.

아들이나 딸에게서 내 마음에 안 드는 점이 보인다고 가정해 보겠습니다. 제대로 공부나 일을 하지 않고 게임만 한다거나 아무리 잔소리를 해도 방을 치우지 않는다거나 하는 것이지요. 그렇다고 내가 아무리 잔소리를 한들 자녀들이 바뀌던가요? 바뀌지 않습니다. 내 마음만 괴로울 뿐이지요. '자식이 아니고 원수다' '난 자식 복이 왜 이리 없나!' 이렇게 한탄하면 나만 괴롭습니다. 한 번 마음을 바꾸어 보세요. 자녀의 모습에서 998개가 마음에 안 들지라도 마음에 드는 두 가지를 찾아내는 것입니다. 두 가지가 어렵다면 하나도 좋습니다. 수단과 방법을 가리지 말고 어떻게든 찾아내어 보세요.

공부는 못하지만, 밥을 복스럽게 먹는다든지 인사는 잘한다든지. 무슨 수를 써서라도 한 가지를 찾아내어서 그것에 모든 것이 달렸다고 생각하고 그것만 바라보는 것입니다. 그러면 그 자녀를 볼 때 내 마음도 기쁘고 자연스럽게 자녀에게 좋은 말을 하게 됩니다. 좋은 에너지를 전달하게 되는 것이지요. 그러면 상대방도 그것을 느끼고 니의 좋은 에너지에 영향을 받아서, 오히려 잔소리할 때보다 더 긍정적인 변화를 보여주기 시작합니다. 부모가 주는 긍정, 사랑, 믿음의 에너지가 전달되면 자녀에게 자존감이 생기고 자신을 스스로 사랑하는 마음도 생겨납니다. 부모의 에너지에 동화되고 그 주파수에 공명하게 되는 것입니다. 이것은 우리 삶의 모든 부분에 적용되는 것입니다. 내게 998가지의 문제가 있고 두 가지의 감사할 것이 있다면 그것에만 집중하도록 노력해보세요.

재미있는 인디언 우화가 있습니다. 체로키 인디언 할아버지가 어린 손자에게 질문을 합니다. "애야, 다툼은 우리 모두의 내면에 있는 두 마리 늑대 사이에서 벌어진단다. 한 마리는 악한 늑대지, 악한 늑대는 분노, 시기. 질투, 슬픔, 탐욕, 오만, 죄의식, 열등감, 거만함, 우월감, 그릇된 자존심이란다. 그리고 다른 한 마리는 착한 늑대란다. 착한 늑대는 기쁨, 평화, 사랑, 희망, 평온, 겸손, 친절, 자비심, 공감, 관대함, 진실, 연민, 믿음이란다."

할아버지의 이야기를 들은 손자가 질문을 합니다.
"그러면 할아버지, 둘이 싸우면 어느 늑대가 이기나요?"

할아버지께서 말씀하십니다.
"네가 먹이를 주는 놈이 이기지."

어느 늑대가 이기게 할지는 우리가 결정하는 것입니다. 우리는 괴로움에서 벗어나 행복하기 위해서 마음공부를 합니다. 내가 항상 행복하거나 만족할 수 있다면 우리는 공부를 이룬 것입니다. 나에게 번뇌하게 하는 아흔아홉 가지의 문제가 있을지라도 나를 미소 짓게 하는 한 가지만 바라볼 수 있다면 그것은 가능합니다. 정말로 그것에 내 운명이 달려 있습니다.

말이 많고 생각이 많으면
더욱더 상응치 못함이요.
말이 끊어지고 생각이 끊어지면
통하지 않는 곳 없느니라.

잠깐이라도 시비를 일으키면
어지러이 본마음을 잃으리라.
좁은 견해로 여우 같은 의심을 내어
서두를수록 더욱 더디어지도다.

승찬 대사

내가 지금 있는 곳이
최고의 수행처입니다

하루는 불자인 한 중년 남성의 푸념을 들은 적이 있습니다. 본인은 수행에만 집중하고 빨리 깨달음을 얻고 싶어 출가하고 싶은데, 아내도 있고 아직 십 대인 아이들이 있어서 출가를 못해 속상하다는 이야기였습니다. 수행하는 분들은 아마도 이러한 고민을 한 번쯤은 해보지 않았을까 생각합니다. 출가해서 절에 들어가든 수도원에 들어가서 수도자의 삶을 살든 영적인 발전을 위해서 시간을 온전히 쓸 수 있다면 '더 빨리 깨달음을 얻을 수 있지 않을까? 더 빨리 영적인 성숙을 할 수 있지 않을까?' 생각하는 것이지요.

그러다가 자신의 처지를 돌아보면 그럴 수 없는 상황 때문에 속상해하기도 합니다. 조용히 명상을 하려고 하면 아이들이 시끄럽게 떠들거나 엄마를 찾거나 하면 짜증이 나기도 합니다. 가족의 부양을 책임져야 하기도 하고 가족 중에 돌봐야 할 아픈 부모님이 계실 수도 있습니다. 세속의 삶에 묶여있는 자신의 상황이 답답하기도 하고 그러한 처지를 원망하기도 합니다.

저도 대학생 때 수행을 시작하게 되면서 출가에 대해 고민해 본 적이 있습니다. 수행자의 청빈하고 깨끗한 삶에 대한 동경심이 있기도 했고 다른 것에 신경 쓰지 않고 온전히 수행에 전념하고 싶기도 했습니다. 여러 가지 이유로 나의 길이 아니라고 결론을 내리기는 했지만 아마도 많은 분들이 이러한 삶을 한번쯤 꿈꿔보지 않았을까 생각합니다.

많은 사람들이 수행자의 삶을 동경하지만, 거기에도 나름대로 고충들이 있습니다. 대중 생활도 해야 하고 여러 가지 계율 때문에 행동이 자유롭지 못한 것도 사실입니다. '수행자로서 사는 삶은 어떨까?' 한번 상상해 보았는데, 머리를 깎고 승복을 입은 채 혼자 스타벅스에 앉아서 아메리카노를 마시면서 소설책을 읽거나 음악을 듣는 것은 아무래도 불편할 것 같습니다. 할수야 있겠지만 주위 사람들이 흘끔흘끔 쳐다보거나 의식해서 편하게 즐길 수는 없을 것 같습니다. 일단 눈에 띄기도 하고요. 반대로 세속적인 삶을 살면 자기 마음대로 살고 자유로울 것 같지만 사회에서 경쟁하고 먹고살아야 하는 세상살이의 고충도 엄청나지요. 각자가 감당해야 할 힘듦은 어느 곳에서나 존재합니다.

예전에 한 비구니 스님의 강연을 TV에서 본 적이 있는데 대중 앞에서 법문하시기 전에 이렇게 말씀하셨던 것이 기억납니다.

여러분들은 저희 승려들을 보고 혹독하고 힘든 규율에 따른 수행자의 삶을 사는 것에 대해서 존경을 표하시는데 저는 아이를 낳고 기르며 가족들을 부양하고 세상살이를 감당해 내는 보살님들이 더 대단하다고 생각합니다.

가족을 떠나 외로움을 감당하고 청빈과 금욕의 생활을 하는 것이 더 어려울까요? 결혼생활을 유지하고 아이들을 기르고 돈을 벌고 하는 것이 더 힘들까요? 그것은 사람마다 다를 것입니다. 하지만 둘 다 어려움이 있는 것은 명백한 사실입니다. 다만 어떠한 길이 깨달음을 얻기 위해 '더 나은 길이다. 더 빠른 길이다'라고 단정할 수는 없습니다.

잭 콘필드의 '깨달음 이후 빨랫감'에 나오는 한 여성의 신앙고백을 소개해 드립니다. 한 카톨릭 신자가 젊었을 때 마더 테레사의 삶에서 감명을 받고 자신도 마더 테레사와 같은 봉사의 삶을 살기를 원했습니다. 하지만 현실은 일하던 교사직도 그만두고 뇌졸중에 걸린 어머니를 돌보아야 했습니다. 어머니를 목욕시키고 욕창을 돌보고 음식을 준비하고 청구서를 지불하고 집안 살림을 해야 했습니다. 그녀는 항상 이런 책임을 벗어나서 자신만의 영적인 삶으로 돌아가고 싶어 했습니다.

그렇게 여러 해를 보내던 어느 날 아침, 그녀는 문득 깨달았습니다. 자신이 마더 테레사의 일을 하고 있었다는 것을요, 바로 자기 집에서 말입니다. 깨달음을 얻기 위해 가장 좋은 곳은 '내가 지금 있는 여기'라는 것입니다. 어떤 사람에게는 숲속이나 절이 가장 적합한 수행처가 될 수 있겠지만 나에게는 '내가 지금 있는 이곳'이 가장 좋은 수행처입니다.

우리 일반인들은 막연히 수행자가 되면 다른 일에 신경 쓰지 않고 수행에만 집중할 수 있어서 공부가 금방 되지 않을까 생각합니다. 깨달음이란 것은 어떤 명상 시간의 총량을 채워서 얻어지는 것이 아닙니다. 세상의 방식으로 300시간을 채우면 수료증을 얻는 것 같은 게 아니라는 것입니다. 깨달음이란 것은 에고를 항복시키는 것입니다. 그 방식은 명상이 될 수도 있고 삶의 고난 등을 통해서 이루어질 수도 있습니다. 그 방식은 다양하고 사람마다 다를 수 있습니다.

제가 몸이 아픈 것으로 인해 마음이 상하고 아무것도 할 수 없었을 때 낙오자가 된 것 같고 인생이라는 경주에서 뒤처져 버린 것 같았던 적이 있습니다. '세상의 관점에서도 수행의 측면에서도 나는 아무런 성과를 내지 못하고 다만 이렇게 아픈 몸과 씨름하며 상처받은 마음과 사투를 벌이고 있구나'하고 신세 한탄을 했습니다. 막 100m 달리기를 시작해서 결승전을 향해 스퍼트를 올리려는데 탁 넘어져서 완전히 뒤처져버린 달리기 선수가 된 기분이었습니다. 한동안 그렇게 몸과 마음과 씨름해야 했습니다. 그 당시 제 눈에는 그 모든 것이 버려진 시간, 의미 없는 시간으로 여겨졌습니다.

그런데 사실은 그 자리가 최고의 수행처였던 것을 시간이 지난 후에 깨닫게 되었습니다. 그토록 원했던 것, 나의 본성을 만난 곳은 어느 큰 절도 아니고 해외의 멋진 아쉬람도 아니고 상처받은 내가 나와 씨름하던 바로 그 자리, 세상을 피해 도망간 시골의 작은 나의 집이었습니다.

물론 내가 어릴 적 막연하게 생각했던 멋지고 폼나는 방식도 아니었고 내가 원했던 시기도 아니었지만 내가 그토록 원하던 나의 본성을 만난 것은 내가 있던 가장 힘든 그 자리였습니다.

지금, 이 순간 여러분은 어디에 계신가요? 가족 부양을 위해

고군분투하고 계시나요? 우는 아이를 달래고 계시나요? 아픈 몸을 데리고 투병하고 계시나요? 그 모든 자리가 최고의 수행처입니다. 내가 처한 그곳이 어디든 그 자리가 내가 깨어날 수 있는 가장 좋은 수행처입니다. 그곳에서 계속 깨어 있으려고 노력하고 내려놓고 내맡기고 순간순간을 섬김으로써 우리는 내가 있는 자리를 가장 훌륭한 수행처로 삼을 수 있습니다. 지금 있는 곳이 삶이 나에게 선물해 준 최고의 수행처입니다.

'지금 이 순간'을 놓치면 다시는 오지 않습니다.

당신이 찾는 것은 이미 당신 안에 있습니다.

당신 밖에 있는 것이 아닙니다.

당신은 지금 당신이 원하는 모습 그대로입니다.

지금 그대로 당신은 경이롭습니다.

당신이 원하는 모습이 되기 위해

미래를 기다릴 필요는 없습니다.

당신이 찾는 것은 이미 '지금 이 순간' 있습니다.

하느님의 나라도 '지금 이 순간' 있습니다.

당신의 깨달음도 바로 여기에 있습니다.

틱낫한 스님

천천히 깨달음을
얻는 것이 좋은 이유

"공부가 빨리 안 됩니다.", "명상이 잘 안 돼요." "저는 왜 이리 더딜까요?"라는 이야기를 자주 듣습니다. 마음공부라고 하니까 학교 공부처럼 생각하게 되는 것 같습니다. 내가 5시간, 10시간 공부하면 그에 비례해서 시험 점수가 나온다고 생각하는 것이지요. 하지만 마음공부는 단지 내가 명상이나 수행을 많이 했다고 해서 되는 것이 아닙니다. 수행만 많이 했다고 해서 되는 것이 아니라 나의 마음의 상태가 무르익어야 합니다. 마음공부는 '참나'의 작용 속에서 이루어지는 것이지 '에고'의 시간표대로 되는 것이 아닙니다.

공부를 이루고자 하는 것도 무엇인가를 얻고자 하는 마음입니다. 그것에 대한 열정과 욕망은 나쁜 것은 아닙니다. 감사한 것이지요. 하지만 그것에 대해서 집착하는 것은 오히려 공부에 방해가 됩니다. 방해가 되기 때문에 안 좋다고 하는 것입니다. 마음이 조급해지면 오히려 그 조급함이 걸림돌이 되어서 공부가 되는 것을 가로막을 수가 있습니다.

'왜 빨리 안 되나!', '내가 이만큼 했으면 되지 않았나!' '나는 안 되나 보다' 하는 조바심이 일어나면 집착하게 됩니다. 이렇게 조급함이 생기면 꾸준히 하기가 힘들고 중간에 포기하기 쉽습니다. 그래서 조급함은 내 공부에 전혀 도움이 되지 않습니다. 무언가를 단박에 빨리 이루려고 하면 그만큼 위험을 감수해야 합니다. 세상에서도 돈을 빨리 많이 벌려면 크게 투자하거나 승부를 거는 위험과 수고를 감수해야 합니다.

제가 앞에서 '고통이 저의 가장 큰 스승이었다'라고 말씀드렸듯이 빨리 이루려면 그런 큰 고통을 겪어야 할 수도 있습니다. 그것이 죽을 만큼 힘든 고통. 자신이 감당할 수 없어서 삶을 포기할 만큼의 고통일 수도 있습니다. 빨리 깨달음을 얻고 싶다는 분들에게 '그런 고통을 겪고 싶으신가요?'라고 물으면 대부분이 '아니요'라고 대답하실 것입니다. 얻어지는 것에만 관심이 있지, 그것을 얻기 위해서 내가 감당해야 할 것은 생각을 못 하는 것이지요.

사람들은 그런 힘듦을 겪지 않고 내 에고 위에 하나 더 뭔가를 얹으려고 생각합니다. 에고가 하나 더 가지려는 것입니다. 그런데 문제는 그 에고가 죽어야 참나가 드러난다는 것입니다. 그 펄펄 살아 있는 에고가 단박에 죽으려면 얼마나 고통스러울까요? 이점에 대해서 한번 곰곰이 생각해보고 자신에게 물어보시기를 바랍니다.

반면에 그런 극단적인 고통이나 괴로움을 겪지 않고, 차근히 천천히 가는 길이 내게 주어진 길이라면 그것이야말로 감사한 일 아닐까요? 빨리 이루려는 욕심만 버리면 됩니다. '왜 빨리 안 되나?' 하는 생각이 들 때마다 제가 드린 말씀을 한번 떠올려보세요. '극단적인 고통을 겪지 않고 한 걸음 한 걸음 가는 것이 얼마나 감사한 일인가'하는 것을요. 얻기만 할 수는 없는 것입니다. 단박에 에고가 죽으려면 그만큼 에고가 고통스럽습니다.

천천히 내려놓고 순간순간 현존을 배우면서 사는 것에 감사하면 좋겠습니다. 그리고 만약 빨리 이루려는 것이 어떤 신비한 체험을 추구하는 것이라면 방향 자체가 잘못되었습니다.

내가 얼마나 생각에서 자유로워졌는지? 얼마나 삶의 고통에서 벗어났는지? 삶에서 감사함이 늘었는지? 얼마나 받아들임과 내맡김이 잘 되는지? 이것을 확인하며 가는 것이 맞는 방향입니다. 신비한 체험은 공부하는 과정 중에 있기도 하고 내게 필요가 없다면 그러한 체험이 없을 수도 있습니다. 꼭 어떤 체험을 해야 하는 것도 아니고요. 공부도 평소에 꾸준히 할 수 있는 만큼 하면 됩니다. 그리고 내게 삶의 도전이 주어졌을 때나 어려움이 닥쳤을 때, '도약의 기회가 왔다'라고 생각하고 더 깨어서 그것을 공부의 발판으로 삼으면 됩니다.

공부하다 보면 공부가 잘될 때도 있고 좀 소홀해질 때도 있습니다. 인간의 습성이 그러합니다. 공부가 잘 안되면 잘 안되는 대로 그냥 하면 됩니다. 공부가 좀 잘 안된다거나 내가 좀 게으름을 피운 기간이 있다고 해서 '에이, 난 틀렸어.' '이번 생은 망했다.' 하지 말고 다시 이어서 하시면 됩니다. 단지 하실 수 있다면 꾸준히 하시는 것이 좋습니다. 짧게라도 명상하고 기회가 있을 때마다 현존하려고 노력하는 것이지요.

나는 나의 할 일을 하고 신성은 신성이 할 일을 하는 것입니다. 병아리가 알을 깨고 나올 때 병아리는 안에서 껍질을 쪼고 어미 닭은 병아리를 위해서 밖에서 같이 쪼아서 알을 깨뜨리는 것을 도와줍니다. 우리가 때가 되면 참나가 나를 도와 내가 깨어나도록 도와줍니다. 나는 나의 할 일을 하면서 나의 시간표대로가 아닌 참나의 시간표대로 이루어질 것을 믿으며 열심히 내게 주어진 삶을 사는 것입니다. 깨달음이 이루어지는 때도 내맡

기는 것입니다. 조급한 마음일 들 때마다 '이 또한 당신에 내려
놓고 내맡깁니다'라고 기도하시면 좋겠습니다. 가장 합당한 때
에 가장 합당한 방법으로 이루어질 것입니다.

당신의 내면에는 당신의 삶의 상황을 구성하는
일시적 환경에 의해 영향을 받지 않는 무언가가 있으며,
내맡김을 통해서만 거기에 접근할 수 있습니다.

그것이 당신의 생명이요. 당신이라는 '존재'입니다.
그것은 시간 없는 현존의 영역에서 영원히 존재합니다.

예수는 이 생명을 발견하는 것이야말로
우리에게 '요구되는 한 가지 일'이라고 말했습니다.

에크하르트 톨레

'중생은 원래 부처다'는
무슨 말일까?

'중생은 원래 부처다', '부처가 아닌 것이 없다.' 등등의 이야기를 많이 들어 보셨을 것입니다. 하지만 잘 와닿지는 않으셨을 것 같아요. 그래서 이 말의 숨겨진 뜻을 한번 쉽게 풀어서 이야기해 보려고 합니다. 석가모니의 출가 동기를 살펴보는 것으로 시작해 보겠습니다.

붓다가 싯다르타 태자 시절에 사대문 밖을 나가 동쪽, 남쪽, 서쪽에 있는 문에서 늙음, 병듦, 죽음의 고통을 보고 자신도 그러한 고통에서 벗어날 수 없다는 것을 알게 됩니다. 그리고 북쪽 문에서 평온히게 보이는 출가 수행자를 보고 감명을 받아서 출가를 결심하게 되죠. 즉 인간이 겪는 고통에서 벗어나서 행복을 찾기 위해서 출가를 하신 것이지요.

여기서 말하는 행복은 쾌락이나 감각적 욕망을 만족시키는 것이 아니라 '괴로움에서 벗어난 평온, 만족'이라고 할 수 있습니다. 그리고 싯다르타 태자는 그것을 얻어서 붓다가 된 것입니다. 정확하게 이야기하면 그것이 원래 자신 안에 있다는 것을 깨달은 것이지요. 그래서 많은 스승도 '네가 원래 부처다' '중생이 본래 부처다'라고 말씀하고 있습니다.

그런데 일반 중생들로서는 이것이 잘 이해가 되지 않습니다. '나는 이렇게 괴롭고 고통스러운데' '행복하기는커녕 불행한데' '어떻게 내가 부처냐'라고 반문할 수 있습니다. 그런데 '중생이 본래 부처다'라는 말속에는 다음과 같은 설명들이 함축되어 있습니다. 생략된 내용을 다시 채워보겠습니다.

우리가 어린 시절 읽었던 안데르센 동화의 '미운 오리 새끼' 이야기는 다 아실 것입니다. 다른 오리 형제들과 너무 다르게 생겨서 구박받고 고생하던 오리가 사실은 자기가 그렇게 동경하던 백조였다는 동화입니다. 오리 새끼 틈에서 태어나서 자란 미운 오리 새끼는 자신을 모자란 오리쯤으로 생각했지만, 사실은 자신이 백조였음을 우여곡절 끝에 깨닫는다는 이야기지요.

마찬가지로 사람도 태어나자마자 걷거나 뛸 수 없습니다. 하지만 우리는 엉금엉금 기어 다니는 아기를 보고 점쟁이가 아니더라도 '너는 곧 걷게 되고 뛰게 될 거야. 100미터쯤은 17초에 뛰게 될걸'이라고 자신 있게 이야기할 수 있습니다. '너는 부처야'라고 자신 있게 말할 수 있는 것도 마찬가지입니다. 그런데 아이가 이 말을 믿지 않고 자신은 절대 걷거나 뛸 수 없다고 생각하고 걸음마 연습도 하지 않고 계속 기어 다니기만 한다면 어떻게 될까요? 척추 기능이 퇴화하게 되어 정말로 늑대처럼 네발로 기어 다니게 될 수도 있습니다.

예수 당시에 사람들도 자신들이 죄인이라는 죄책감 속에 고통스러워하면서 살고 있었습니다. 특히 가난한 사람들은 속죄제사에 바칠 제물을 살 돈이 없어서 그 고통이 더 심했습니다. 죄 사함을 받을 기회조차 없어서 자신이 죄인이라는 죄책감에 더 괴로워했습니다. 그때 예수가 나타나서 "너희는 죄인이 아니라 하나님의 아들이고 딸이다."라고 했습니다. 그런데 사람들은 자신이 하나님의 아들이고 딸이라는 것을 믿지 않았습니다. 그래서 예수가 이번에는 '내가 하나님의 아들이다'라고 하면서 기적을 막 보여주었습니다. 그러니까 사람들이 믿기 시작했습니다. 그런 다음 예수가 다시 말했습니다. "너희는 내 형제요 자매다."

'중생은 본래 부처다'라는 말은 수사법도 아니고 그냥 듣기 좋은 말도 아니고 사실입니다. 우리는 백조의 새끼이고 하나님의 아들, 딸입니다. 다만, 당장 백조의 날개가 보이지 않는다고 해서 우리 자신을 오리 새끼나 늑대 새끼로 알고 사는 것입니다. 우리 안에는 누구나 부처가 될 수 있는 능력을 갖추고 있습니다.

다시 처음 이야기로 돌아가서 '부처는 괴로움에서 벗어난 행복한 자'라고 했습니다. 그렇다면 여러분은 이 평온함과 만족함의 상태인 행복을 가지고 계신가요? 여러분은 분명히 가지고 있습니다. 지속적이지는 않지만 잠깐 잠깐이라도 평온함과 만족함의 상태에 있는 것이 가능한 것임을 알고 계실 것입니다. 그렇다면 잠깐잠깐 가뭄에 콩 나듯 그 상태에 있는 것이 아니라 지속적인 만족함이 있다면 나는 계속 '행복한 자'가 될 수 있다는 결론에 도달합니다. 그렇다면 내가 지속적인 '만족함' '평온함' 상태에 있으려면 어떻게 하면 되나요? 라는 질문이 나오게 됩니다. **그 답은 나에게 '있는 것'을 바라보고 '이루어진 것'에 감사하는 것입니다.**

나의 시선이 밖으로 향하면 내게 없는 것을 보게 됩니다. '저것을 가졌으면', '저 사람처럼 되었으면' 하면서 끊임없이 비교하고 내게 없는 것을 바라보게 됩니다. 그러면 나는 불만족과 결핍감 속에 살게 됩니다. 하지만 시선을 안으로 돌리면 내가 가지고 있는 것을 보게 됩니다. '내가 이만큼이나 있구나' '내게 알아차림이 생겨났구나' 하고 나에게 있는 것을 보게 됩니다. 거기에는 '만족감' '감사함' '행복감'이 있습니다.

내가 지금 가진 것을 바라보고 감사해 보세요. 가진 것에 감사하라는 얘기는 많이 들어서 식상하다고 생각할 수 있지만, 이 식상한 말속에 진리가 꼭꼭 숨겨져 있습니다. 이 진리를 추상적으로 받아들이지 마시고 이번에는 자신의 것으로 만들어 보세요.

이 진리를 실천하는 방법은 내가 예전보다 조금 더 나아지고 평안해진 것에 감사하는 것입니다. '내가 예전보다 생각이나 감정에 덜 끌려다니게 되었구나'하고 감사하고 만족합니다. '내가 더 많이 더 자주 깨어 있구나', 감사하고 만족합니다. '내가 감정이 올라오는 것을 알아차리고 화를 덜 내게 되었구나', 감사하고 만족합니다. '내가 내려놓고 내맡기며 두려움에서 벗어나서 고요함 속에 머무르게 되었구나', 감사하고 만족합니다.

성경 마태복음에서 예수는 이렇게 말합니다. "귀 있는 자들은 들으라, 천국의 비밀을 아는 것이 너희에게는 허락되었으나 그들에게는 아니 되었나니 무릇 있는 자는 받아 넉넉하게 되되 없는 자는 그 있는 깃도 빼앗기리라."

여러분, 있으시죠? 그것을 헤아리세요. 있는 그것을 보고 만족하고 감사하세요. 그렇게 할 때 내 안에 부처가 조용히 자라고 있는 것입니다. 내 안에 천국이 넓어지고 있는 것입니다. 없는 것만 바라보고 없는 자가 되어, 있는 것도 빼앗기지 마시길 바랍니다. 걷고 뛸 수 있는데 나는 절대 그럴 수 없다며 걸을 생각도 안 하고 기어 다니기만 하다가 늑대 인간이 되지 않기를 바랍니다.

여러분은 부처입니다. 하나님의 아들, 딸입니다. 내가 지금 가진 평온과 만족함에 집중하고 그것을 더 큰 눈덩이로 굴려 가세요. 가다가 흔들리고 넘어져도 됩니다. 우리는 부처이기에 잠시 넘어지고 흔들려도 다시 걷고 뛸 수 있습니다. 내가 지금 여기에서 가진 평안함과 감사함을 바라보세요.

아기가 때가 되면 걷고 뛸 수 있는데 '나는 언제 저 언니나 형처럼 걷고 뛰나'하고 고민하실 필요가 없습니다. 계속 걸음마를 연습하고 밥 잘 먹고 잘 자고 하다 보면 어느 순간 걷고 뛰고 있는 '나'를 발견하게 될 것입니다.

오병이어의 기적으로
예수가 진짜 말하고 싶었던 것

깨달음에 대한 갈급함 못지않게 우리가 가지고 있는 것이 먹고사는 것에 대해 불안함입니다. 사실 보통 사람들에게는 먹고사는 문제에 대한 걱정과 불안함이 더 큰 것이 사실입니다. 이 문제에도 앞서 말씀드린 같은 법칙이 적용됩니다. 물론 아무것도 안 하고 비는 것만 하라거나 미래의 어느 시점에 내가 원하는 집과 차와 돈을 갖게 될 거라고 상상만 하면 그것이 이루어질 것이라는 허황된 말이 아닙니다. 그것은 '안되면 어떡하나?' 하는 불안함만 더 만들어 낼 뿐입니다.

행위를 하되 마찬가지로 내면이 먼저라는 것입니다. 지금 내가 가지고 있는 것을 바라보고 지금 내가 할 일을 하는 것입니다. 나의 할 일은 내게 지금 주어진 일뿐 아니라 미래에 대한 준비도 될 수도 있습니다. 내게 주어진 일을 하되 과도하게 걱정과 근심에 빠져서 중심을 잃지 말아야 합니다.

그러기 위해서는 나의 눈을 내게 지금 있는 것과 이미 이루어진 것에서 떼지 말고 그것을 바라보고 감사하는 마음을 유지해야 합니다. 그럴 때 우리는 불안함과 결핍감에서 벗어나서 만족함과 감사함 속에 머무를 수 있습니다. 현존할 수 있는 것입니다.

성경에 보면 예수가 이와 관련된 주제에 대해 몸소 실천으로 보여주신 것이 있습니다. 4복음서에 걸쳐 전부 기록되어 있는 '오병이어'의 기적입니다. 예수가 물고기 두 마리와 떡 다섯 개로 여자와 아이를 제외한 오천 명의 성인 남자를 배불리 먹이고도 12 광주리가 남은 사건이지요. 이 기적을 통해서 예수가 보여주시고자 하셨던 것이 무엇이었을까요? 예수의 의도는 마가복음 8장 14절-16절의 기록에서 엿볼 수 있었습니다.

> "제자들이 떡 가져오기를 잊었으매 배에 떡 한 개밖에 그들에게 없더라. 예수께서 경고하여 이르시되 삼가 바리새인들의 누룩과 헤롯의 누룩을 주의하라 하시니 제자들이 수군거리기를 이는 우리에게 떡이 없음이로다. 하거늘"

이 상황을 한번 상상해 보면 좋겠습니다. 예수가 한창 제자들에게 열심히 복음을 전하고 있습니다. 바리새인이라는 것은 당시의 종교지도자들이고 헤롯은 당시 유대 지역 왕이었습니다. 누룩이라는 것은 술이나 빵을 만들기 위한 발효제로 예수가 비유로 자주 언급하셨던 것입니다. 빵을 만들 때 아주 적은 양이 들어가서 있는지 없는지도 모르지만 빵 전체를 부풀게 하는 영향력을 가지고 있다는 의미로 사용됩니다.

여기서는 당시의 종교지도자들이나 정치 지도자들의 영향력을 조심하고 거기에 물들지 말라는 비유로 말씀을 하고 있었던 것입니다. 그런데 제자들은 떡을 가져오는 것을 잊어버려서 그것을 걱정하느라 예수가 비유로 하신 말의 의미를 알아듣지 못하고 '예수가 떡을 안 가져온 것 때문에 저런 말을 하나 보다' 하고 수군대고 있었습니다.

예수는 제자들의 어리석음을 보고 속이 터져서 답답해하시며 말합니다. 성경에 기록된 예수의 말씀을 지금의 언어로 이야기하면 이렇게 바꿀 수 있겠습니다.

'너희 지금 내가 바리새인과 헤롯의 위선을 조심하라고 이야기하고 있는데 또 떡이 없다고 걱정하고 있는 거냐? 아직도 모르겠니? 왜 이리들 둔하냐, 눈이 있어도 안 보이니? 귀가 있어도 안 들려? 바로 며칠 전에 일인데 기억도 못 해? 내가 떡 다섯 개를 오천 명에게 줄 때 몇 바구니가 남았니?' 제자들이 대답합니다 '열둘이요' 예수님께서 다시 묻습니다. '떡 일곱 개로 사천 명을 먹일 때는 몇 개가 남았니?' '일곱 개요' 제자들은 꿀떡같이 대답은 잘합니다. 예수는 마가복음 8장 17절-21절에서 이렇게 말합니다. '아직도 모르겠니? 이제 좀 알 때도 되지 않았느냐?'

예수가 오병이어의 급식을 제공할 때 제일 먼저 제자들에게 물은 것이 있습니다. "너희들에게 떡 몇 개나 있는지 가서 보라" 그리고 급식이 끝난 후에도 이렇게 묻습니다. "다 먹고 남은 것이 몇 개냐" (마가복음 8:19~20). 제자들은 먹을 것이 없는 것을 보고 이야기하지만, 예수는 항상 우리에게 있는 것을 보고 헤아리라고 하십니다. 이것이 예수가 말씀하시고 보여주신 것입니다. 너희에게 있는 것을 보고 헤아리며 받은 것을 보고 감사하라고 하신 것이지요. 그것을 두 번이나 보여주고 설명해 주어도 제자들이 잘 못 알아듣자 예수님 속이 터졌던 것이지요.

내가 지금 가지고 있지 않은 것을 바라볼 때 내 마음은 어떠한가요? 불만족과 결핍감이 생겨납니다. 하지만 내게 지금 주어진 것을 바라보면 어떤가요? 감사함과 안도함 그리고 만족감이 생깁니다. 내가 항상 만족하고 감사하면 어떤가요? 나는 부유하고 풍족합니다. 마음이 평온하고 만족하면 외부 상황은 이에 따라온다는 것입니다. 아무것도 하지 말라는 이야기가 아닙니다. 내 일을 하되 눈과 마음은 항상 내게 '있는 것'을 '바라보고' '헤아리고' '감사하라'는 것입니다. 그러하면 항상 충분히 먹고도 남는다는 것입니다. 삶이 나에게 풍요로움을 허락하신다는 것입니다. 예수는 말씀하십니다. "아직도 모르겠니?"

무병최리 지족최부 후위최우 이원최락

無病最利 知足最富 厚爲最友 泥洹最樂

병이 없는 것이 가장 큰 이익이요,
만족을 아는 것이 가장 큰 재물이다.
후덕함은 가장 큰 친구요,
열반은 최상의 즐거움이나.

『법구경』 제15장 안락품(安樂品)

자주 묻는 질문 5

술과 마약으로 영적 체험을 할 수 있나요?

우리나라에서는 그러한 경우가 거의 없는데 해외에서는 LSD나 머쉬룸 같은 환각제를 사용하는 영성 단체들이 있다고 합니다. 환각제를 복용해서 일종의 신비 체험을 유도하면 명상에 깊이 들어갔을 때와 비슷한 경험을 한다는 점을 발견하고 그것을 사용하는 것이지요. 영적 체험을 위해서 약물이 사용된 예는 역사에서도 찾아볼 수 있습니다. 옛날 인도의 제사 의식에는 소마라는 음료가 사용되었는데 이 음료는 제사에 사용된 후에 참여한 사람들이 나누어 마셨다고 합니다. 소마에는 환각 성분이 있는데 버섯에서 추출된 것으로 알려져 있습니다.

우리나라에서도 연예인들이 프로포폴 주사를 맞는 것이 사회적인 문제가 되기도 했는데 이 주사를 맞으면 아주 깊은 잠에 빠지고, 깨어났을 때 기분 좋은 상태를 경험하기 때문에 중독성이 생기게 된다고 합니다. 깊은 잠에 빠졌을 때 이원성이 없는 상태인 순수한 존재함을 경험하게 되고 깨어났을 때 행복감이나 희열을 느끼게 됩니다. 이 느낌이 너무 좋아서 자꾸 그것을 경험하고 싶어서 약물에 중독되는 것입니다. 술에 대한 집착도 마찬가지입니다. 술을 마시고 취하면 그 순간 잠시 고통을 잊게 되고 일시적으로 기분 좋은 느낌이 들게 되기 때문에 알코올 중독이 되는 것입니다. 그것을 계속 경험하려는 강한 집착이 생기게 되는 것입니다.

처음 질문으로 돌아가서 그러면 술이나 환각제를 이용해서 선정과 같은 상태에 들어가든 명상 수행을 해서 선정 상태에 들어가든 같은 것이 아니냐고 생각할 수 있겠지요. 술이나 환각제는 정신과 육체의 건강을 해친다는 문제를 차치하더라도 보다 근본적인 문제를 가지고 있습니다. 이것을 바로 알지 않으면 유혹에 빠지거나 잘못된 길로 현혹될 수 있습니다. 그것은 수행의 목적이 '선정 체험'이 아니라는 것입니다. 단지 수행의 목적이 '선정 체험'에 있다면 위와 같이 주장할 수도 있겠지만 공부의 목적은 선정 체험이나 신비 체험이 아니며 그것이 되어서도 안 됩니다. 붓다도 비상비비상처정이라는 선정의 최고의 경지에 올랐지만, 이것이 답이 아니라고 하셨습니다. 왜냐하면, 선정에서 나오면 다시 탐진치라는 세 가지 독(탐욕과 성냄과 어리석음)이 있어 괴로움에 빠진다는 것을 알았기 때문입니다.

술이나 환각제도 마찬가지입니다. 술에 취해 있을 때는 세상 걱정이 다 사라진 것 같고 기분이 좋지만, 술에서 깨면 다시

괴로움에 빠지게 됩니다. 환각제도 마찬가지입니다. 그리고 이
것은 명상도 마찬가지입니다. 어떤 명상 테크닉을 쓰고 애를 써
서 잠시 선정을 체험할지라도 그것은 근본적인 문제를 해결해
주지 못합니다. 이것은 바른 선정이 아닙니다. 그것은 손에 쥔
모래와 같습니다. 금방 사라져 버릴 것이고 내 것이 아닙니다.
갑자기 로또를 맞은 사람은 스스로 부를 이루어 낸 것이 아니기
때문에 그것을 지킬 수 있는 그릇이 되어있지 못합니다. 그래서
로또에 당첨된 사람들은 그 돈을 지키지 못하고 순식간에 잃어
버리기 쉽습니다.

**약물이 되었든 테크닉이 되었든 선정 체험은 공부의 목적이
되어서는 안 됩니다. 선정은 공부의 방편입니다. 탐진치를 버리
려는 방편이 되어야 합니다. 달리 말하면 내려놓음의 방편인 것
입니다.**

선정에 들어가기 위해서 '나의 좋고 싫음'을 내려놓고 내맡
김을 하도록 하는 방편입니다. 마음의 탐진치가 버려지면 나는
자연스럽게 선정에 들어갈 수 있습니다. 내 마음의 상태가 순수
한 참나의 상태에 가까워지기 때문입니다. 내려놓음과 내맡김
을 통해서 들어간 선정은 없어지지 않습니다. 누가 빼앗을 수도
없습니다. 그것은 온전히 내 것입니다.

술이나 약물에서 깨면 다시 괴로움에 빠지는 것이나 명상에서 나오면 평온의 마음 상태가 사라지는 일시적인 것과는 차원이 다른 것입니다. 나를 온전히 비워서 들어간 선정은 명상 상태에 있든 거기에서 나와서 눈을 뜨고 생활하든 마음의 기쁨과 평온을 빼앗기지 않을 수 있습니다. 오늘 명상에서 선정에 들었는지 아닌지는 중요하지 않습니다.

내가 선정에 들어가기 위해서 얼마나 나의 욕심과 고집과 어리석음을 내려놓았는지가 중요합니다. 그것을 통해서 마음이 닦인 상태에서 들어간 선정이 진짜입니다. 오늘 내가 명상 중에 선정 체험을 못 했다고 해서 낙담할 필요가 없습니다. 오늘 하나 더 내려놓았는지 내맡겼는지, 그것이 중요합니다.

6장

에고 데리고 살기

에고도
나입니다

마음공부에서 참나를 강조하게 되면서 상대적으로 에고를 부정적으로 이야기하게 되는 경우가 많습니다. 보통의 사람들은 에고를 나라고 생각하고 이것이 다인 줄 알고 살아갑니다. 하지만 사실 우리는 에고이면서 참나이기 때문에 그 둘의 중첩 상태로 존재한다고 할 수 있습니다. 에고를 중심으로 살아가는 사람은 에고와 참나가 가진 주도권의 비중을 에고에 더 많이 두고 살아간다고 볼 수 있습니다.

이것을 역전시켜서 참나가 주도하는 삶을 살기 위해 전략적으로 에고를 적으로 간주하고 부정적으로 표현하는 것입니다. 참나를 보다 더 인정해줘야 에고의 비중을 줄일 수 있으니까요. 왼손잡이로 살던 사람을 오른손잡이로 만들려면 웬만하면 왼손을 못 쓰게 하고 오른손만 쓰도록 연습시키는 것과 같습니다.

사실은 에고도 나이기 때문에 제거해야 할 대상이 아니라 잘 데리고 살아야 할 대상입니다. 에고도 나이고 참나도 나입니다. 쉽게 이야기하면 바다 자체가 참나라면 파도는 에고입니다.
또는 싱잉볼 연주에서 밖으로 드러나는 소리가 에고라면 소리가 사라져서 근원에서 울리는 '소리 없는 소리'가 바로 참나입니다. 그리고 소리와 근원은 분리된 것이 아니지요. 각자의 삶은 근원에서의 울림이 다양한 소리와 진동의 형태로 퍼져나가는 것입니다. 그리고 이러한 다양한 삶을 다른 말로, 다양한 욕구라고 표현할 수 있습니다.

신성 또는 우주가 스스로 자신을 표현해 드러내고자 하는 욕구가 창조이고 우리 개개인의 삶입니다. 이러한 드러남의 에너지가 창조인 것이지요. 그래서 욕구 자체는 나쁜 것이 아닙니다. 이것은 우주의 뜻이기도 하지요. 만약에 우주가 우주로만 존재한다면 그 안에 무엇이 있는지 알 수 없을 것입니다. 창조로서 그 안에 있는 에너지를 펼쳐서 드러내야 알 수 있고 경험할 수 있겠지요. 삶은 경험하기 위한 것이고 삶의 에너지인 욕구는 나쁜 것이 아닙니다. 그것에 내해 지나치게 집착하거나 억압하면 고통으로 변질될 수 있을 뿐입니다.

우리는 존재 자체가 목적입니다. 우리 각자를 통해 우주가 자신을 표현한 것이기 때문에 각자의 삶 자체를 경험하는 것이 그 목적입니다. 삶을 진정으로 즐기고 그 속에서 기뻐하고 두려움 없이 살아가기 위해서 내면의 본성을 알 필요가 있는 것입니다. 단지 근원으로 돌아가는 것으로 끝나는 것이 아니라 오히려 그 이후에 세상에서 잘 살기 위함입니다. 그래서 명상도 하고 근원도 찾는 것입니다. 우리가 본성인 참나를 알려고 하는 것은, 근본을 모르는 무지 때문에 괴로움에 빠져 힘든 삶을 사는 것에서 벗어나 지금 여기에서 더 잘 살기 위함입니다.

무대 위의 연극배우가 자신이 배우인 것을 망각하고, 연기를 하고 있는 비련의 여주인공이 자신인 줄만 안다면 어떻게 될까요? 그녀는 그 역할과 자신을 동일시해서 무대 위에 있는 동안 너무나도 괴로울 것입니다. 하지만 자신의 정체성이 배우라는 것을 알고 그 배역을 감당하면 전혀 다른 결과가 나옵니다. 연극을 흠뻑 즐길 수 있고 그 역할을 잘 수행할 수 있게 될 것입니다. 욕구하는 것을 이루려는 것은 나쁜 것이 아닙니다. 그것은 신성이 내게 준 나의 소명이기도 합니다. 나의 정체성을 확립한 후에 에고를 잘 다스리며 살 때 우리는 우주와 함께 공동 창조자가 되는 것입니다.

에고는 야생마와 같습니다. 참나는 그 말의 주인입니다. 야생마는 마음대로 날뛰면서 등에 탄 주인을 떨어뜨리기도 하고 다치게도 하지만 주인에 의해서 잘 길들면 말은 주인의 유용한 발이 되어 주고 좋은 친구가 되기도 합니다. 야생마를 잘 길들이면 되지 그것을 죽일 필요는 없는 것입니다. 하지만 야생마인 에고를 길들일 때까지는 참나를 강조할 수밖에 없습니다.

우리가 축구 경기를 할 때 상대 팀을 이기기 위해 상대를 적으로 생각하고 연구하고 단련하지만 실제로 상대 팀을 제거하거나 없애려는 것은 아니지요. 상대 팀이 없다면 경기도 없고 내가 기술을 연마하고 단련할 필요도 없어질 테니 말입니다. 부모가 자식을 기르듯 천방지축인 아이와 같은 에고는 참된 교육을 해서 함께 데리고 살아야 할 평생의 파트너입니다.

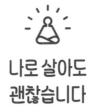

나로 살아도
괜찮습니다

후배 중에 하고 싶은 것도 많고 먹고 싶은 것도 많은 친구가 있습니다. 예쁜 여자 연예인을 보면 '다음 세상에는 저렇게 태어나야지' 하거나 잘생긴 남자 배우를 보면 '저렇게 멋있는 남자로 태어나면 어떤 기분일까?' 하기도 합니다. 배우고 싶은 것도 많고 가보고 싶은 곳도 많고 돈도 많이 벌고 싶다고 합니다.

가만히 듣다가 '그걸 다하려면 수백 번은 더 태어나야겠다'라고 했더니 정색을 하면서 다시는 태어나지 않겠다고 하는 것입니다. 수행을 열심히 해서 다시 태어나지 않는 것이 옳다는 것입니다. 윤회에서 벗어나야 한다면서 말이지요. 욕망을 다 버려서 다시 태어나지 않는 것이 옳다고 생각하는 것 같았습니다.

그래서 제가 이야기해주었습니다. '그냥 너로 살아도 돼. 네가 하고 싶은 거 하고 싶다고 말하고 다시 태어나서 예쁜 연예인이 되고 싶다고 해도 괜찮아. 아무 문제 없어'라고요. 우리가 몸 마음을 가지고 사는 한 욕구는 없을 수 없습니다. 배고프면 밥을 먹고 싶고 졸리면 자고 싶어 하는 것도 욕구입니다. 죽지 않는 한 이것에서 벗어날 수 없습니다. 아무리 고행하고 수행을 해도 이것에서는 벗어날 수 없습니다. 이러한 기본적인 욕구뿐 아니라 개개인이 가지고 있는 개별적인 욕구도 있습니다.

멋진 남자나 여자를 만나서 결혼하고 가정을 이루고 싶은 욕구, 나만의 사업을 일구고 싶은 욕구, 사람들에게 알려지고 사랑받고 싶은 욕구, 지적인 욕구를 충족하고 싶은 욕구, 깨달음을 얻고 싶다는 욕구 등 다양하게 있습니다. 욕구하는 것이 적은 사람도 있습니다. 세속적인 것에는 별로 관심이 없고 영적인 것에 집중하는 사람도 있습니다. 그것도 종류가 다를 뿐이지 하나의 욕구입니다. 어떤 것이 더 옳고 좋은 것이라고 단정해서 이야기할 수는 없습니다.

세상살이를 다 경험하고 그것에서 초탈해서 무엇에도 연연해하지 않는 여유로움이 좋습니다. 서툴어도 에너지 넘치고 용기 있게 도전하는 젊음도 그대로 멋있습니다. 어떤 것이 옳다가 아니라 다른 것입니다. 어느 것 하나가 더 우월하고 다른 건 열등하다고 할 수 없지요. 모든 사람이 꼭 해탈해야 할 필요는 없습니다. '무엇 무엇을 해야 한다'라는 것은 없습니다. 왜 굳이 모두가 다 해탈을 해야 하나요? 해탈하면 고통이 없어서 좋겠지만, 해탈하지 못한 상태로 살아가는 것도 나쁘지 않습니다. 오히려 해탈을 목적에 두고 그것이 이루어지지 않아 괴로워하는 것보다 낫습니다. **그냥 나로 살아도 괜찮습니다. 그냥 여러분 각자의 모습으로 살아도 괜찮아요.**

'당신은 원하는 모든 것을 다 버려야 하고 해탈해야 합니다'라고 주장하는 사람들이 있습니다. 하지만, 그렇게 될 수 없습니다. 그런 주장을 함으로써 사람들이 진짜 자신이 누구인지, 자기가 원하는 것이 무엇인지 모르도록 잘못 이끌 수도 있습니다. 솔직히 마음속에서는 그렇지 않은데 왠지 그래야 할 것 같고 그렇지 못한 자신이 부족하다고 생각하면서 죄책감이나 열등감을 느끼게 될 수 있습니다. 오히려 그러한 틀에서 자유로워졌을 때 진짜 내가 어떤 사람이고 내가 무엇을 원하는지, 내가 이 세상에서 경험하고 표현하고 싶은 것이 무엇인지 알 수가 있습니다. 지금 내 수준에서는 어떤 공부가 필요한지도 알 수 있습니다.

올림픽에 나가서 금메달을 따는 것을 목표로 운동하는 사람도 있지만 내 건강을 위해서 동네 헬스장을 다니는 사람도 있습니다. 헬스장에 다니는 사람이 나이고 그것에 만족한다면 그것으로 충분합니다. 태릉선수촌에 있는 사람들에 비해 열등감을 느낄 필요도 없고 국가대표 선수들의 운동량을 해야 한다고 생각할 필요도 없습니다. 내 마음속에 어떤 우월과 열등에 관한 판단이 없다면 내가 어디에 속하는지 당당하게 말할 수 있고 나 자신을 있는 그대로 인정해 줄 수 있게 됩니다. 여러분이 자유로워지시면 좋겠습니다.

그러면 마음공부는 왜 해야 할까요? 간단합니다. 하지 않으면 삶이 괴롭기 때문에 하는 것입니다. 제가 유튜브를 시작하고 책을 쓰게 된 이유도 명확했습니다. 제가 힘들었고 고통을 겪었기에 '이렇게 하면 좀 덜 힘들어요. 살만해요'라고 이야기하기 위해서 시작했습니다. 만약 '저는 그냥 지금 삶이 좋고 편한데요. 별로 그런데 관심이 없습니다'라고 하시는 분들이 있다면 굳이 공부할 필요도 없다고 생각합니다. 저는 수행도 그렇고 마음공부도 그렇고 지금 여기, 내 삶에서 괴롭지 않기 위해서, 그리고 행복하기 위해서 공부하는 것이라고 생각합니다. 그 이상도 이하도 아닙니다.

파울로 코엘료의 연금술사에서 행복의 비밀에 관한 이야기가 나옵니다. 한 상인이 자기 아들에게 세상에서 가장 뛰어난 현자에게 행복의 비밀을 배워오라고 보냈습니다. 청년은 현자를 찾아가 자기가 온 이유를 말했습니다. 현자는 청년에게 먼저 자신의 멋진 대저택을 구경하고 오라며 기름 두 방울이 담긴 찻숟가락을 건네주었습니다. 그리고 구경하는 동안 찻숟갈의 기름을 한 방울도 흘려서는 안 된다고 했습니다. 청년은 저택을 돌면서 걸을 때나 계단을 오르내릴 때도 찻숟가락에서 눈을 뗄 수가 없었습니다. 청년이 돌아오자 현자는 청년에게 묻습니다.

"내 집 식당에 있는 정교한 페르시아 양탄자를 보았나?" "정원사가 십 년 걸려서 가꿔 놓은 정원은?" 청년은 당황하며 아무것도 보지 못했노라고 고백했습니다. 기름을 한 방울도 흘리지 않으려고 한 나머지 아무것도 보지 못한 것입니다.

현자는 청년에게 다시 집의 아름다움을 둘러보고 오라고 기름 숟가락과 함께 돌려보냈습니다. 청년은 현자가 시키는 대로 대저택과 아름다운 예술품과 정원을 모두 구경하였습니다. 청년이 돌아오자 현자는 다시 묻습니다.

내가 그대에게 맡긴 기름 두 방울은 어디 갔소?" 그제야 청년은 숟가락에서 기름이 다 흘러 없어진 것을 알아차립니다. 현자는 이렇게 말합니다. "내가 그대에게 줄 가르침은 이것뿐이오. 행복의 비밀은 이 세상의 모든 아름다움을 보는 것, 그리고 동시에 숟가락에 담긴 기름 두 방울을 잊지 않는 데 있다오."

여기서 숟가락에 담긴 기름 두 방울은 참나고 아름다운 저

택은 세상이라고 볼 수 있습니다. 행복의 길은 이 두 가지의 균형을 잘 잡는 데 있습니다. 그러니까 여러분 자신으로 살아도 괜찮습니다. 그냥 내가 에고인 줄만 알고 살면 대부분은 인생살이가 괴롭습니다. 그리고 저처럼 감당하기 힘든 시련이 왔을 때 속수무책으로 당할 수 있으니 여러분 안에 참나와 소통하고 사는 것이 좋다고 이야기하는 것입니다.

우리는 모두 속세를 버리고 수행자가 되거나 무소유자나 무욕구자가 될 필요는 없습니다. 그렇게 해야 한다고 주장한다고 해서 되는 것도 아닙니다. 저는 수행자를 등대에 그리고 일반인들을 배에 자주 비유합니다. 수행자가 빛을 냄으로써 그것을 보고 배들이 길을 잃지 않을 수 있습니다. 하지만 등대만 훌륭하고 배들은 그보다 모자란 것이라고 할 수 없습니다. 그리고 모두가 다 등대가 될 필요도 없습니다. 배가 없다면 등대도 필요 없겠지요.

우리가 가지고 있는 각자의 욕구는 우주가 이 세상에서 자신을 경험하기 위해 준 선물이기도 합니다. 다만 그것에 과도하게 집착하고 살면 괴롭고 고통스러우니 '그렇게 하지 않는 것이 좋겠습니다'라고 말하는 것입니다. 그래서 내 안의 참나를 발견하고 이 몸 마음이 나의 본질이 아니라는 것을 깨닫기 위해 명상도 하고 마음공부도 하는 것입니다.

저는 참나를 찾는 것을 돕기 위해서 '여러분의 몸 마음이 여러분의 다가 아닙니다'라고 말합니다. 참나를 드러내기 위해 참나를 강조하고 상대적으로 에고를 극복해야 할 대상으로 표현하기도 합니다. 하지만 근본적으로 에고를 없애서 제거하는 것이 목표가 아니라는 것을 알아야 합니다. 다시 한번 말씀드리지만, 마음공부를 하고 수행 하는 이유는 분명합니다. 삶 속에서 고통스럽지 않고 행복하기 위해서입니다. 내가 행복해야 주위 사람들도 행복하고 하는 일을 통해서도 그 행복이 전해질 수 있습니다. 나와 내 주위를 행복하게 만드는 일이지요. 그냥 나로 살아도 괜찮습니다.

받는 것에
익숙하지 않다면

받는 것에 익숙하지 않은 사람들이 있습니다. 이들은 다른 사람의 칭찬이나 호의를 잘 받아들이지 못합니다. 누군가가 칭찬을 하거나 호의를 베풀어도 '아니에요, 전 그럴만한 사람이 못 돼요' 하거나 마음속으로 '저 사람이 나한테 왜 잘해주지?'하고 의심하기도 합니다. 이런 사람들은 많은 경우 자존감이 낮고 자기 자신을 사랑하지 않습니다. 그 원인 중 하나는 지금까지 사는 동안 조건 없는 사랑을 받아보지 못해서입니다. 조건 없는 사랑을 충분히 경험해 보지 못했기 때문에, 내가 상대에게 무언가를 해주어야만 사랑을 받을 수 있다고 생각하는 것입니다.

자기 스스로에게도 마찬가지입니다. 나 자신을 있는 그대로 사랑해주는 것이 아니라 내가 무언가를 이루거나 칭찬받을만할 때만 사랑을 주는 것이지요. 나 자신을 있는 그대로 사랑받을만한 존재라고 생각하지 않고, 내가 상대를 만족시켜야 사랑을 받을 수 있는 자격이 생긴다는 강박을 갖기도 합니다. 받는 것에 익숙하지 않은 사람들은 남들의 작은 호의를 받아들이는 것도 부담스러워하고 바로 갚아야 한다는 스트레스에 시달리기도 합니다. 내가 행복을 느끼거나 사랑을 받는다는 느낌이 들면 죄책감이 생기거나 불안해지기도 합니다. 나에게 이런 좋은 일이 생길 리가 없다고 하면서 말이지요. 또 나쁜 일이 일어나면 당연히 나는 이런 일을 당해도 이상하지 않다고 생각하기도 합니다.

이런 사람들은 신의 사랑도 의심하거나 자신은 그 사랑을 받을 수 없는 존재라고 생각합니다. 기도를 하면서도 무의식중에는 '나는 이것을 받을 만한 자격이 없다'라거나 '나는 그런 사랑을 받을만한 사람이 아니다'라고 믿는 것이지요. 그리고 스스로가 이런 믿음을 갖고 있다는 것을 의식하게 되면, 자신이 그러한 생각을 하고 있다는 자체에 두려움을 느끼거나 스트레스를 받기도 합니다.

그렇다면 이렇게 자신을 무가치한 존재로 여기는 마음을 어떻게 바꿀 수 있을까요? 우주의 에너지 자체가 사랑임을 이해하고 경험하면 자연스럽게 바뀝니다. 실제로 경험해 보면 참나,

우주, 신성은 사랑 자체라는 것을 알게 됩니다. 그것은 사랑 외에 다른 것일 수가 없습니다. 아이스크림 전문점에 가면 아이스크림만 있습니다. 아이스크림 전문점에서 돈가스를 찾을 수 없는 것과 마찬가지입니다. 우주가 사랑의 에너지 자체라는 것을 알게 되면 우리의 모든 선입관은 사라집니다. 우주 자체가 나와 남이 없는 하나이고 그 에너지 자체가 사랑이라는 것을 온전히 체험하면 자연스럽게 나의 믿음 체계도 변하게 됩니다. 삶에 대한 관점이 달라집니다.

나 자신이나 남에 대해서 어떤 선입관 없이 있는 그대로 보고 그 존재를 인정하게 됩니다. 나를 포함한 모든 이들의 각각의 모습이 신성의 다양한 표현이라는 것을 알게 되면 그들을 있는 그대로 인정하게 되고 존중할 수밖에 없습니다. 사랑하는데 조건이 필요하지 않게 됩니다. 이걸 볼 수 있는 내면의 눈이 열리는 것입니다. 눈이 열리기 시작하면 자신에 대한 의식에도 변화가 일어납니다.

자신을 소중한 존재로 존중하고 가치 있게 여기는 것은 나르시시즘이라고 하는 자기애와 다릅니다. 남은 무시하고 이기적으로 자기만을 사랑하는 것이 아니에요.

만약 우리 집 방구석에 언제부터인가 굴러다니던 이상한 그림이 사실은 고흐가 그린 진품이라는 것을 알게 된다면 어떻게 될까요? 막눈으로 보면 아무것도 아니지만, 전문가의 눈으로 보면 걸작으로 보이듯이 많은 것들이 달라집니다. 고흐의 그림이 그러할진대 하물며 우리는 신이 만든 작품입니다. 예전에 저 또한 나 자신을 있는 그대로 사랑하지 못하고 남에게 받는 것에도 불편해했었습니다. 상대의 친절이 불편했습니다. 상대가 정말로 나에게 친절을 베풀려고 한 것인데 그것을 선뜻 받아들이지 못했습니다.

참나를 경험하고 나서보니 온 우주가 사랑 자체라는 것을 알게 되었습니다. 우주의 본질은 사랑 그 자체입니다. 바다에 물이 가득하여 있는데 우주는 사랑으로 가득 차 있습니다. 우리 존재 자체도 그러합니다. 그것이 현실에서 여러 가지 이유로 왜곡되고 굴절되어 두려움, 원망, 질투 등으로 나타나기도 하지만 그 본질은 사랑입니다. '와, 이건 그냥 온 우주가 사랑 자체이구나. 참나는 사랑이구나. 사랑 말고는 없구나'라는 것을 알고 나니 나 자신을 있는 그대로 사랑해 줄 수 있게 되었습니다.

스스로 자신을 사랑하게 되면 인간관계도 더 자연스러워지고 자유로워지게 됩니다. 하기 싫고 원하지 않는데도 나의 감정을 무시하고 상대에게 억지로 맞추려고 노력하지 않게 됩니다. 상대에게 사랑을 얻기 위해 발버둥 치는 마음을 내려놓을 수 있기 때문이죠. 내 감정을 보살피고 자존감 있는 존재가 되는 것입니다. 남을 볼 때도 마찬가지입니다. 상대도 하나의 우주이고 신성의 작품이기 때문에 남을 판단하지 않고 있는 모습 그대로 인정하고 존중하며 사랑할 수 있게 됩니다. 그래서 누구와 있든 편안할 수 있고 같이 있는 상대도 자신이 존중받는다고 느낍니다.

한 가지 큰 변화는 축복에 대한 마음이 열리게 되는 것입니다. 이것은 재미있는 현상입니다. 에고를 다 내려놓았는데 오히려 나 자신을 더 사랑하게 되고 축복을 자연스럽게 받아들이는 일이 생기게 되는 것입니다. '나한테 좋은 일이 일어나겠어?'라는 냉소적인 생각이나, 실제로 좋은 일이 생겨도 불안해하고 받아들이지 못하는 태도에서 기쁨으로 그것을 기꺼이 받아들이는 마음으로 변화가 일어나게 되는 것입니다.

사실 우리들 각자는 아무 조건 없이 우주의 사랑을 받고 있습니다. 단지 모를 뿐입니다. 내 에고가 조건에 따라 변덕을 부리니까 우주도 그러할 것이라고 막연하게 생각하는 것입니다. '나는 별 볼 일 없고 특별히 잘나지도 못했으니 좋은 것을 받을 수 없다'라는 믿음을 만들어 내는 것입니다. 하지만 에고의 생각과는 달리 우주는 사랑 자체이고 조건 없는 사랑을 주고 있다는 것을 알면 달라집니다. 내가 무언가를 하지 않아도 축복을 받을 수 있다는 믿음이 생겨납니다.

조건 없는 사랑을 알게 되면 내 인생에 좋은 것을 선물로 받을 수 있을 거라는 열린 마음이 생겨납니다. 좋은 사람을 만날 수도 있고, 생각지 못한 좋은 일들이 생길 수도 있다고 기대하게 됩니다. 이것은 집착과는 다릅니다. 내가 행복해지는 것을 자연스럽게 여기고 감사하게 받아들이게 되는 것입니다. 남들이 베푸는 호의에 대해서도 의심하거나 거부하지 않고 나는 사랑받을 만한 사람이기 때문에 그것이 주어진다는 것에 감사하고 기쁘게 받아들일 수 있게 됩니다.

모든 가능성을 열어놓을 수 있게 되는 것이죠. 마음이 활짝 열리고 축복의 통로도 활짝 열리게 됩니다. 삶이 나도 모르게 나에게 좋은 선물을 줄지도 모른다는 기분 좋은 기대감도 생겨납니다. 내가 사랑받을 자격이 없다거나 행복할 수 없다고 생각될 때 그리고 좋은 일이 생겨도 불안할 때 자기에게 알려주세요.

'나는 우주가 만들어 낸 작품이야',
'나는 있는 그대로 사랑받을 자격이 충분히 있어'
'나는 삶이 주는 사랑과 축복을 감사히 받고 그것을 누릴 거야',
'이것은 원래 나에게 속한 것이니까'
삶이 당신을 위해 준비한 것,
당신에게 속한 것을 기꺼이 받으시길 바랍니다.

나로 사는 것은
이번 생이 마지막입니다

    제 주위에 운동을 열심히 하는 후배가 있습니다. 균형 잡힌 몸매와 탄탄한 피부, 건강한 몸을 가지고 있음에도 불구하고 다이어트에 지나치게 집착하고 있었습니다. 한 번은 그 이유를 물어보았습니다. 자신은 통뼈라 기본 골격이 있어서 여리여리한 느낌이 안 난다는 것이었습니다. 드라마 여주인공처럼 여리여리한 느낌의 몸을 가지고 싶다는 겁니다. 그 이유로 힘들게 몸을 괴롭히면서 다이어트를 하고 있었습니다.

    제가 강아지를 하나 기르고 있는데 골든 리트리버 종입니다. 리트리버들은 대형견이라서 기본적으로 골격이 있어서 체격이 큰 편입니다. 그래서 아무리 털을 깎거나 다이어트를 해도 말티즈의 느낌은 나지 않습니다. "골든 리트리버는 그 자체로 큼직하고 약간 복실복실한 느낌이 있을 때 예쁜 것이지 리트리버가 살 뺀다고 말티즈의 느낌이 날 수는 없어"라며 농담으로 그 친구를 달래기도 했지만, 그 친구는 여전히 운동을 과하게 해서 허리를 다치기도 하고 과도한 다이어트로 머리숱이 빠지기도 하면서 말티즈가 되려고 하고 있습니다. 빨리 그만두기를 바라고 있을 뿐입니다.

우리가 수행을 통해서 인격적인 성숙을 가져올 수 있지만 타고난 성격, 성질은 잘 변하지 않습니다. 이것들은 삶이 우리에게 부여한 것입니다. 머리 색깔, 피부색, 키, 성별처럼 성격이 급하거나 호기심이 많거나 하는 고유의 성격이나 성질은 깨어남 이후에도 그대로 있습니다. 물론 수행을 통해서 성격이 다듬어지기도 하고 지혜가 생겨서 그것을 잘 다룰 수 있는 능력이 개발되기는 합니다.

예전에는 성질이 급해서 배우자나 가족들과 충돌이 잦고 그것에 대해 가족들이 지적하면 인정하지 않고 오히려 가족들에게 화를 내거나 싸웠다면 수행을 한 후에는 급한 성격으로 인해 다툼이 여전히 생기더라도 그것을 금방 알아차리고 자신의 실수를 수용하게 되는 것이지요. 배우자나 가족들에게 '미안해 내가 성격이 급해서 또 오해했네. 그런 의도가 아니었어. 내가 더 노력할게'라고 지혜롭게 해결할 수 있으면 됩니다. 급한 성격 자체를 느긋한 성격으로 뜯어고치려고 애를 쓰지 않아도 된다는 것입니다.

존경받는 스님 중에서도 구도자로서는 대나무처럼 꼿꼿한 모범적인 삶을 사셨지만, 한편으로는 대중들과 어울리기를 어려워하고 대중 생활을 힘들어하셨던 분들도 계십니다. 우리는 완벽해야 한다는 비현실적인 생각에 집착하지 말아야 합니다.

그리고 자신이 있는 그대로 살 수 있도록 허락해 주어야 합니다. 머릿속에 '깨달은 자', '수행자'의 상을 만들어 놓고 거기에 맞춰서 나를 다 바꾸려고 하지 말기 바랍니다. 그런 완벽함이란 것은 원래 없습니다. 오히려 나 자신을 있는 그대로 사랑해주는 것이 깨달은 사람입니다.

'나에게 부족해 보이는 부분이 있긴 하지만 괜찮아. 그래도 난 있는 그대로 나를 사랑해'. 그러면 타인에 대해서도 너그러울 수 있습니다. '너에게도 부족한 점이 있지만 있는 그대로의 너를 존중해'가 될 수 있습니다.

이번 삶은 골든 리트리버로서의 마지막입니다. 여러분의 머리카락, 얼굴, 눈의 크기, 손가락 길이, 키, 성격 등등 이것들은 이번 생에서만 나의 것입니다. 곧 사라져 버릴 아름다움입니다. 다시는 만날 수 없는 것입니다. 잠시 머물다 갈 나를 그대로 사랑해주세요. 이렇게 생각해보면 약간 좀 아쉽지 않나요? 조금 마음에 안 드는 부분이 있더라도 오래 같이하다 보니 이 몸이나 이 녀석의 성격에도 정이 많이 들었을 것입니다. 이들과 함께하는 시간은 한정되어 있습니다. 그 시간 동안 이들을 있는 그대로 맘껏 사랑해주세요. 골든 리트리버인 나 자신을 많이 사랑해주면 좋겠습니다.

나는 지금 있는 현실을 사랑합니다.
내가 영적인 사람이어서가 아니라,
현실과 다투면 나 자신이 괴롭기 때문입니다.

우리는 현실이 지금 있는 그대로
좋다는 것을 알 수 있습니다.
현실과 다투면 긴장하고 좌절하기 때문입니다.
그럴 때는 마음이 편안하거나 자연스럽지 않습니다.

우리가 현실에 맞서기를 멈출 때
행동은 단순하게, 물 흐르듯이, 친절하게,
두려움 없이 일어납니다.

바이런 케이티

에고는 참나를
닮아갑니다

　정말 많이 받는 질문 중의 하나가 '이런저런 수행도 많이 하고 마음공부를 오래 했는데 더 나아지고 발전한 건지 잘 모르겠습니다'라는 것입니다. 물론 공부의 방향이나 방법이 효과적이지 못했을 수도 있지만 내가 원하는 만큼의 변화나 발전이 있으려면 시간이 필요합니다. 이것은 부모들이 자녀들에게 하는 것과 비슷합니다. 아들이나 딸이 학교 중간고사에서 수학 성적이 형편없이 나와서 학원에 보내 주었습니다. 그런데 기말고사에서도 시험 점수가 형편없이 나왔습니다. 그러면 대부분은 다음과 같은 반응을 보일 것입니다, '너는 엄마가 학원도 보내줬는데 왜 점수가 이 모양이야, 100점을 맞아왔어야지'. 우리가 에고에게 이렇게 하고 있습니다. 우리는 오늘 씨를 심고 내일 열매를 따려고 합니다.

참나를 찾고 깨어남 이후에도 에고는 있습니다. 에고는 사라지지 않습니다. 하지만 에고는 점차 참나를 닮아갑니다. 제가 "깨어남 후에도 참나의식과 에고 의식을 왔다 갔다 하며 살게 됩니다"라고 말씀드렸더니 한 구독자분이 "참나 의식으로만 있지, 뭐 하러 에고 의식으로 돌아오나요?"라고 물었습니다. 그것은 돌아오고 싶어서 그런 게 아니라 연약해서 그러한 것입니다.

수영을 배울 때 처음에는 킥판을 잡고 발차기를 배우고 호흡을 연습합니다. '음, 파, 음, 파'하면서 호흡을 배울 때는 물도 많이 먹고 고생합니다. 그런데 어느 날 호흡이 터지고 자세가 자연스러워지기 시작하면 수영이 쉬워집니다. 이때부터는 '나는 수영을 할 수 있다'라고 이야기합니다. 하지만 내가 자유형, 배영, 평형, 등의 자세를 배우고 호흡이 잘 되어 물이 두렵지 않아도 갑자기 파도가 치거나 익숙하지 않은 환경에서 수영하게 되면 물을 먹거나 실수로 빠질 수도 있습니다. 여러 가지 상황과 환경에서도 끄떡없이 수영할 수 있으려면 다양한 경험과 훈련이 계속 필요합니다. 우리의 삶도 그러합니다.

참나의 뜻대로 살기 시작하면 에고도 점차 참나를 닮아갑니다. 단지 시간이 필요하지요. 아이를 교육하는 것과 비슷합니다. 자녀를 기르거나 아이들을 교육해 보신 분들은 아시겠지만 이게 내 마음대로 잘 안 됩니다. 참아주고 기다려 주는 것이 필요합니다. 때로는 야단을 치기도 하고 때로는 사랑으로 보듬어 주어야 합니다. 우리는 에고의 연약함을 인정해야 합니다. 나의 연약함을 인정하지 않으면 현실과 이상이 동떨어진 삶을 살면서 위선적으로 될 수도 있습니다.

참나를 만난 이후에도 넘어질 수 있고 꾸준히 닦아 나가야 한다는 것을 알았을 때 마냥 편치만은 않았습니다. 그때 사도 바울의 고백이 많은 위로가 되었습니다. 많은 기적을 행하고 위대한 사도로 인정받는 그가 성령을 받은 후에도 인간적인 나약함이 있음을, 그리고 그것 때문에 힘들 때가 있음을 솔직히 고백합니다. 위대한 사도로 칭송받는 분이 이렇게 솔직히 고백하기가 쉽지 않았을 텐데 이러한 연약한 모습을 드러냄으로써 결과적으로 후대의 우리들에게 많은 위로가 되었습니다. 그리고 우리가 가고 있는 길이 같은 길임을 확인할 수 있게 해주었습니다.

바울은 로마서 7장 19절에 "내가 원하는 선은 행하지 아니하고 도리어 원하지 아니하는바 악을 행하는도나"라고 고백하기도 했습니다. 하나님 뜻을 알면서도 그렇게 살지 못하고 도리어 미워하는 죄를 행하는 자신의 모습을 보면서 괴로워합니다. 그리고 로마서 7장 21절-24절에서 다음과 같은 깨달음을 말합니다.

"그러므로 내가 한 법을 깨달았노니 곧 선을 행하기 원하는 나에게 악이 함께 있는 것이로다. 내 속 사람으로는 하나님의 법을 즐거워하되 내 지체 속에서 한 다른 법이 내 마음의 법과 싸워 내 지체 속에 있는 죄의 법으로 나를 사로잡는 것을 보도다. 오호라 나는 곤고한 사람이로다. 이 사망의 몸에서 누가 나를 건져내랴."

바울이 깨달은 법이 있는데 그것은 성령으로 거듭난 후에도 내 안에 '하나님의 법'과 '육신의 법'이 동시에 갈등하고 있다는 것입니다. 성령을 받으면 그대로 끝이 아니라는 것입니다. 에고가 참나를 닮아가는 과정이 남아 있는 것입니다.

불교에서도 깨달음 이후에 삶을 통해 업장을 소멸해가는 과정이 있습니다. 견성성불(見性成佛)이라고도 하고 선오후수(先悟後修)라고도 합니다. 견성성불은 내 안에 본성을 봄으로써 깨달음을 얻고 그 이후에 부처가 되는 성불의 과정을 겪는다는 의미입니다. 선오후수는 먼저 깨닫고 나중에 닦는다는 의미입니다.

깨달음은 내면의 본래부터 청정한 불성을 보는 것입니다. 참나를 직면하고 그것이 나와 다르지 않다는 것을 알게 되는 것이지요. 하지만, 과거에서 지금까지 이어진 습성이 바로 바뀌진 않

았습니다. 참나의 영향을 지속적으로 받아야 바뀌는 것입니다.

한편으로는 에고가 바로 사라지지 않아서 좋은 점도 있습니다. 다른 사람들을 이해하고 보듬어 줄 수 있습니다. 태어날 때부터 금수저인 사람은 가난한 사람을 이해하기 힘듭니다. 또는 태어날 때부터 머리가 뛰어나서 1등만 한 사람은 공부를 못하는 사람의 사정을 알기 힘들지요. 내가 이해하기 힘든 사람, '저 사람은 대체 왜 저럴까?' 하는 사람을 보았을 때 나의 에고를 보면 도움이 됩니다. '나도 이렇게 부족하고 못난 모습이 있는데..' 하면서 다른 사람의 부족함을 이해하고 보듬어 줄 수 있지요. 정죄하는 마음 대신에 공감과 연민의 마음으로 대할 수 있습니다.

부부가 오래 살다 보면 서로 닮는다는 말이 있습니다. 결혼만 하면 닮는 것이 아닙니다. 오래 살아야 닮지요. 부부 사이가 그렇듯 참나와도 헤어지면 닮을 수 없습니다. 붙어있어야 합니다. 참나와 꼭 붙어 오래 살다 보면 닮아갑니다. 에고가 아직 내 성에 안 차더라도 오래 데리고 살다 보면 닮아갑니다. 그러니 오래 참아주고 보듬어주고 기다려 주는 것이 필요합니다. 에고와 참나는 분리된 것이 아닙니다. 에고가 참나를 닮아가야 참나의식을 세상으로 가져올 수 있고 점차 세상도 변화할 수 있는 것입니다. 깨어나면 에고도 세상도 참나를 닮아갑니다.

자주 묻는 질문 6

행복 매뉴얼이 있으면 알려주세요

지금까지 고통에서 벗어나서 행복할 수 있는 핵심적인 방법들을 소개해 드렸습니다. 그런데 살다 보면 갑작스러운 상황이 발생하기도 합니다. 그럴 때 우리는 당황하거나 마음의 중심을 잃기 쉽습니다. 허둥대다가 제대로 대처하지 못하는 경우가 발생하기도 합니다. 그래서 정부에도 여러 재난 상황에 대비한 대처 매뉴얼이 있고 회사에는 고객 응대 매뉴얼이 있습니다. 예기치 못한 상황이 발생하거나 판단하기가 어려울 때 매뉴얼대로 대처하는 것이 효과적이기 때문이지요.

마찬가지로 우리 삶에도 매뉴얼이 필요합니다. 평소에 수영을 잘하는 사람도 당황하면 물에 빠질 수 있듯이 매뉴얼은 우리에게 구명조끼 역할을 해줄 수 있습니다. 매뉴얼을 잘 숙지하면 어떤 시련이 닥쳐와도 나 자신을 잘 지켜낼 수 있습니다. 깨어남 이후에도, 즉 나의 정체성이 바뀐 후에도 삶의 도전들은 계속되기 때문에 그것들에 의해 넘어지지 않기 위해서는 반드시 나를 지켜줄 방패가 필요합니다. 매뉴얼은 깨어남 이후에도 나를 지켜줄 방패입니다.

매뉴얼의 첫 번째 단계는 '현재를 환영하기'입니다. '현재를 환영하기'란, 지금, 이 순간의 현재가 어떤 모습을 하든지, 그것이 내가 좋아하는 상황이든지 아니든지 상관없이 그것을 환영하는 것입니다. 내가 지금 힘들고 어려운 상황에 있더라도 그것을 환영하는 것입니다. 그냥 받아들이는 정도가 아니고 적극적으로 환영하는 것입니다. 마치 'Come on, I'm ready!' (어서 와, 난 준비됐어!)'라고 외치는 것과 같습니다.

그냥 수동적으로 받아들이겠다는 것과 그것을 두 팔 벌려 환영하겠다는 것은 마음가짐에서, 많은 차이가 납니다. 삶에 대한 적극적인 나의 선택이고 용기입니다. 삶에 대한 온전한 신뢰의 표현이고 고백이라고 할 수도 있습니다. 지금 이 순간의 모습이 어떻든 간에 그것이 삶이 내게 준 '선물'이라고 믿고 그것을 적극적으로 받아들이겠다는 것입니다. 처음에는 완벽하게 내키지 않더라도 자꾸 연습해 보면 점점 자연스러워집니다.

두 팔을 활짝 벌리고 '지금 이 순간'을 환영합니다. 내가 좋아하든 싫어하든 상관없습니다. '지금 이 순간을 환영합니다!'라고 말해보세요. 그렇게 말하는 순간 마음속에서 용기가 솟아오르고 다시 일어설 수 있게 됩니다. '지금 이 순간을 환영합니다'라고 한 후에 다음 단계로 넘어갑니다.

행복 매뉴얼 두 번째 단계는 '침묵하기'입니다. '지금 이 순간을 환영합니다'라고 하고 나면 조금 있다가 에고가 스멀스멀 다가와서 속삭이기 시작할 것입니다. '이봐 이걸 환영한다는 게 말이 돼?', '상황이 더 안 좋아지면 어떡해?', '당장 걱정하고 고민하라고' 이렇게 속삭이기 시작합니다. 이때가 매뉴얼의 제2단계를 실행할 시점입니다. 에고가 조용히 하도록 다스립니다. 어떤 생각이 속삭이든지 침묵시킵니다. 즉 이 순간에 대해서, 내가 지금 처한 상황에 대해서 이렇다 저렇다 아무 말도 판단도 하지 않는 것입니다. 실제 머릿속에서 생각, 판단, 염려가 떠오르면 '쉿, 조용, 침묵!'이라고 명령하세요. '내가 안다'라는 착각과 자만에 빠지지 않고 호불호를 갖지 않겠다는 의지입니다. 에고를 침묵시킴으로써 본성(참나)이 드러나도록 하는 고도의 작전입니다. 나의 중심을 잃지 않겠다는 적극적인 의지입니다.

행복 매뉴얼의 마지막 단계는 '내맡기기'입니다. 불안한 마음, 걱정, 근심, 후회 등등 요동치는 에고를 침묵시키고 모든 문제를 삶에게 온전히 내맡기면 에고는 완전한 침묵으로 들어갑니다. 삶에게 온전히 내맡기겠다고 하면 에고가 더 이상 할 말을 잃게 되기 때문입니다. 이 매뉴얼대로만 한다면 나는 어떤 시련이 와도 고통에 빠지지 않고 행복할 수 있습니다. 괜찮을 수 있습니다. 자유로울 수 있습니다. 이 순간에 나에게 온 도전이나 어려움이 무엇이든지 그것을 온전히 내맡기는 것입니다.

온전한 내맡김은 신뢰의 끝판왕입니다. 이 3가지를 통해 에고를 완전히 복종시키는 것입니다. 이것은 깨어남 이후에도 살아가면서 삶 속에서 계속 닦아가야 하는 공부이기도 합니다. 깨어남 이후에도 삶의 도전들은 계속되기에 삶을 통해서 이것을 체화시켜서 술이 익어가듯 그렇게 깨달음이 익어가는 것입니다.

사실 이것이 전부입니다. 선정을 체험하거나 어떤 영적인 경험보다도 중요합니다. 하지만 실천하기가 만만치 않습니다. 이 3가지를 할 수 있다면 우리는 고통에 빠지지 않고 언제나 행복할 수 있습니다. 반면 이것을 놓치는 순간 우리는 고통에 다시 빠지게 됩니다. 이 매뉴얼을 참고해서 자신만의 매뉴얼을 만들어 보는 것 또한 좋은 방법입니다.

'지금 이 순간' 나에게 오는 모든 인연과 상황을 **환영하고, 침묵하며 내맡기기를 바랍니다.**

epilogue

당신은 항상 괜찮을 수 있습니다

    지금까지 우리는 고통에서 벗어나 행복할 수 있는 방법인 '생각으로부터의 자유', '내려놓음과 내맡김', '현존', '내면을 따르는 삶', '있음' 바라보기, '에고 데리고 살기'에 대해서 알아보았습니다. 이 여섯 가지를 잘 이해하고 내 것으로 삼는다면 우리는 어떤 순간에도 '괜찮을 수' 있습니다.

    사람들은 보통 행복을 느끼기 위해서 만족하기 위해서 외부의 조건이나 다른 사람에게 의존합니다. 내가 원하는 어떤 외부의 상황이 주어지거나 타인이 내가 원하는 것을 만족시켜 줄 때 행복을 느낍니다. 따라서 나는 외부의 조건에 따라 행, 불행을 왔다 갔다 하는 퐁당퐁당의 삶을 살기 때문에 불안하고 고통스러운 것이지요. 내가 가진 것을 잃을까 봐 불안하고 원하는 것을 갖지 못할까 봐 걱정하는 것입니다.

이 책에서는 이러한 오랜 습에서 벗어나 지금 여기에서 만족할 수 있음에 대해서 이야기하고 있습니다. 외부의 상황이나 조건에 상관없이 항상 괜찮을 수 있음이 여기서 말하는 행복입니다. 참나의 상태에 있을 수 있다면 우리는 항상 괜찮을 수 있습니다. 행복할 수 있습니다. 그 상태에는 기쁨, 만족감, 행복, 사랑이 충분하므로 그것을 느끼기 위해서 외부의 무엇이 필요하지 않게 되는 것입니다. 그 외부의 무엇은 덤이 되는 것이지요.

이것을 깨달은 후에도 사랑하는 사람을 만나고 내가 하고자하는 일을 성취하면 기쁨을 느끼는 것은 맞습니다. 하지만 그 사람이 없어도 나는 내 안에 이미 사랑이 있으므로 결핍을 채우기 위해 사람을 만나는 것이 아니라는 것입니다. 내 안에 사랑을 증폭시켜 줄 누군가를 만난다면 그 기쁨은 배가 되겠지만 그가 없을지라도 나는 괜찮을 수 있다는 것이지요. 내면에서 나오는 사랑이 있기에 나는 그 사람에게 집착하지 않을 수 있습니다.

일도 마찬가지입니다. 내면에서 흘러나오는 자존감과 자기사랑이 충분하다면 설사 내가 공부나 사업에서 충분한 성과를 내지 못한다고 해서 열등감이나 자기혐오에 빠지지 않습니다.

물론 성취했을 때는 그것이 배가 되는 기쁨을 마음껏 누리면 됩니다.

수영을 잘하는 사람도 파도가 치면 순간적으로 물을 먹거나 허둥댈 수 있지만 금방 거기서 빠져나올 수 있습니다. 아예 물도 먹지 않을 수는 없지요. 하지만 수영을 하지 못하면 물에 빠져서 익사하게 될 수도 있습니다. 마음의 호수와 인생의 바다에서 헤엄칠 수 있도록 수영을 배워두자는 것입니다. 파도가 치지 않게 막을 수는 없기 때문이지요. 수영을 할 줄 알면 파도가 쳐도 괜찮을 수 있습니다. 거기서 나오는 방법을 알기 때문입니다.

우리는 항상 괜찮을 수 있는 의식의 상태로 존재할 수 있습니다. 그것이 우리의 본래의 상태이기 때문입니다. 흔들리는 마음에서 우리는 온전할 수 있습니다. 습관적으로 머물고 있는 '에고 의식'에서 벗어나 '참나 의식'으로 깨어나면 비로소 알 수 있습니다. 본래 우리는 온전한 존재라는 것을요.

존재의 실상을 발견하고 그것에 내맡기며 살겠다는 의지를 내시기 바랍니다. 고통에서 벗어날 수 있습니다. 당신은 항상 괜찮을 수 있습니다.

명상과 함께 하는 삶

초판 1쇄 인쇄 2023년 1월 11일
1판 2쇄 발행 2023년 2월 28일

펴낸곳	스노우폭스북스
발행인	서진
지은이	김지나
책임편집	도연
편집진행	성주영
마케팅	김정현, 이민우
영업	이동진
디자인	양은경
주소	경기도 파주시 광인사길 209, 202호
대표번호	031-927-9965
팩스	070-7589-0721
전자우편	edit@sfbooks.co.kr
출판신고	2015년 8월 7일 제406-2015-000159

ISBN   979-11-91769-27-2 (03190)